BESTACTIVITYBOOKS.COM

Copyright © 2022 LINGUAS CLASSICS

PRIMEIRA EDIÇÃO - 2022

Ilustración gráfica adicional: www.freepik.com
Graças a Alekksall, Starline, Pch.vector, Rawpixel.com, Vectorpocket, Dgim-studio, Upklyak, Macrovector, Stockgiu, Pikisuperstar & Freepik.com Designers

Descobrir Jogos Online Grátis

Disponível Aqui:

BestActivityBooks.com/FREEGAMES

5 DICAS PARA COMEÇAR

1) CÓMO RESOLVER LAS SOPA DE LETRAS

Os puzzles têm um formato clássico:

- As palavras estão escondidas sem espaços ou hífenes,...
- Orientação: As palavras podem ser escritas para a frente, para trás, para cima, para baixo ou na diagonal (podem ser invertidas).
- As palavras podem sobrepor-se ou intersectar-se.

2) APRENDIZAGEM ACTIVA

Ao lado de cada palavra há um espaço para anotar a tradução. Para encorajar a aprendizagem activa, um **DICIONÁRIO** no final desta edição permitir-lhe-á verificar e expandir os seus conhecimentos. Procure e anote as traduções, encontre-as no puzzle e adicione-as ao seu vocabulário!

3) MARCAR AS PALAVRAS

Pode inventar o seu próprio sistema de marcação - talvez já use um? Pode também, por exemplo, marcar palavras difíceis de encontrar com uma cruz, palavras favoritas com uma estrela, palavras novas com um triângulo, palavras raras com um diamante, e assim por diante.

4) ESTRUTURANDO A APRENDIZAGEM

Esta edição oferece um **CADERNO DE NOTAS** prático no final do livro. Nas férias, em viagem ou em casa, pode facilmente organizar os seus novos conhecimentos sem a necessidade de um segundo caderno!

5) JÁ TERMINOU TODAS AS GRELHAS?

Nas últimas páginas deste livro, na secção **DESAFIO FINAL**, encontrará um jogo gratuito!

Rápido e fácil! Consulte a nossa colecção de livros de actividades para o seu próximo momento de diversão e **aprendizagem**, a apenas um clique de distância!

Encontre o seu próximo desafio em:

BestActivityBooks.com/MeuProximoLivro

Aos vossos lugares, preparem-se...Vão!

Sabia que existem cerca de 7.000 línguas diferentes no mundo? As palavras são preciosas.

Adoramos línguas e temos trabalhado arduamente para criar livros da mais alta qualidade para si. Os nossos ingredientes?

Uma selecção de tópicos adequados à aprendizagem, três boas porções de entretenimento, e depois acrescentamos uma colherada de palavras difíceis e uma pitada de palavras raras. Servimo-los com amor e máximo divertimento, para que possa resolver os melhores jogos de palavras e se divirta a aprender!

A sua opinião é essencial. Pode participar activamente no sucesso deste livro, deixando-nos um comentário. Gostaríamos de saber o que mais lhe agradou nesta edição.

Aqui está um link rápido para a sua página de encomendas:

BestBooksActivity.com/Avaliacoes50

Obrigado pela vossa ajuda e divirtam-se!

A Equipa Inteira

1 - Dirigindo

```
M  P  C  A  O  W  S  P  B  Y  W  E  S  S
D  Q  N  F  Q  Y  P  Y  M  W  U  L  I  E
H  H  F  S  Ł  P  O  F  O  A  B  I  L  Ł
G  A  R  A  Ż  A  L  Ł  T  G  E  C  N  E
A  O  M  B  P  D  I  U  O  O  Z  E  I  N
Z  S  A  U  I  E  C  U  C  V  P  N  K  T
P  T  P  O  L  K  J  O  Y  D  I  C  S  R
A  R  A  B  R  C  A  D  K  P  E  J  A  A
L  O  W  Ł  H  S  E  U  L  I  C  A  M  N
I  Ż  D  T  U  N  E  L  N  E  Z  F  O  S
W  N  N  R  Q  Y  X  I  S  S  E  F  C  P
O  O  K  K  O  A  M  N  O  Z  N  K  H  O
X  Ś  Q  F  B  G  W  Ł  I  Y  I  X  Ó  R
P  Ć  E  K  Z  O  A  R  R  Y  E  E  D  T
```

WYPADEK	MAPA
SAMOCHÓD	MOTOCYKL
PALIWO	SILNIK
OSTROŻNOŚĆ	PIESZY
DROGA	POLICJA
HAMULCE	ULICA
GARAŻ	UBEZPIECZENIE
GAZ	TRANSPORT
LICENCJA	TUNEL

2 - Atividades

```
W  Ę  D  R  Ó  W  K  I  W  Q  Z  R  R  C
U  S  P  C  N  U  V  O  Y  M  N  W  Z  Z
M  Z  O  E  Ł  W  L  G  P  F  Q  Q  E  Y
I  T  L  R  T  Ę  R  R  O  Ł  C  M  M  T
E  U  O  A  Y  D  E  O  C  M  A  G  I  A
J  K  W  M  E  K  L  D  Z  G  R  Y  O  N
Ę  A  A  I  N  A  A  N  Y  E  A  T  S  I
T  Ł  N  K  J  R  K  I  N  I  D  F  Ł  E
N  N  I  A  A  S  S  C  E  J  L  S  A  A
O  I  E  P  Y  T  L  T  K  O  L  M  Y  R
Ś  A  Y  O  E  W  Ł  W  W  X  Ł  B  Q  Y
Ć  S  X  X  F  O  T  O  G  R  A  F  I  A
D  Z  I  A  Ł  A  L  N  O  Ś  Ć  Z  Q  J
M  P  P  R  Z  Y  J  E  M  N  O  Ś  Ć  M
```

SZTUKA	OGRODNICTWO
RZEMIOSŁA	GRY
DZIAŁALNOŚĆ	WYPOCZYNEK
POLOWANIE	CZYTANIE
WĘDRÓWKI	MAGIA
CERAMIKA	WĘDKARSTWO
FOTOGRAFIA	PRZYJEMNOŚĆ
UMIEJĘTNOŚĆ	RELAKS

3 - Churrascos

```
P  Z  G  J  L  C  P  P  D  M  R  N  K  K
O  A  R  M  L  E  O  I  I  H  W  S  U  R
M  P  I  Z  O  B  N  B  E  G  S  B  R  B
I  R  L  P  Q  U  D  T  I  P  X  Q  C  Z
D  O  L  B  M  L  G  N  A  A  R  D  Z  R
O  S  O  S  A  E  O  L  T  T  D  Z  A  M
R  Z  G  M  R  D  R  B  A  C  U  I  K  U
Y  E  N  R  D  U  Ą  V  W  M  R  E  N  Z
D  N  D  O  W  O  C  A  H  R  V  C  U  Y
T  I  E  D  Ż  O  Y  L  G  Y  F  I  F  K
G  E  Y  Z  I  E  S  A  Ł  A  T  K  I  A
R  P  E  I  P  Y  Ó  T  Ó  H  Z  D  Y  D
Y  K  P  N  O  T  L  O  D  Ł  Q  M  E  F
V  I  C  A  W  A  R  Z  Y  W  A  V  P  I
```

CEBULE	GRY
ZAPROSZENIE	WARZYWA
DZIECI	SOS
NOŻE	MUZYKA
RODZINA	PIEPRZ
GŁÓD	GORĄCY
KURCZAK	SÓL
OWOC	SAŁATKI
GRILL	POMIDORY
OBIAD	LATO

4 - Pesca

```
C  S  P  H  S  C  H  P  J  P  R  Ł  P  M
I  K  Q  A  Ł  Z  V  R  W  R  P  U  Y  P
E  R  W  K  Q  A  V  Z  X  Z  Ł  Q  L  L
R  Z  Y  Y  Z  V  S  E  E  Y  E  K  W  Y
P  E  E  Z  S  K  V  S  W  N  T  W  J  R
L  L  P  L  A  Ż  A  A  X  Ę  W  T  W  W
I  A  D  O  W  Ł  Ó  D  Ź  T  Y  V  G  S
W  H  G  R  C  O  I  A  Z  A  S  R  U  Z
O  G  O  Y  U  E  D  K  T  L  J  A  P  C
Ś  R  T  H  S  T  A  A  F  M  O  K  B  Z
Ć  Z  O  I  I  W  K  N  O  G  A  P  X  Ę
T  E  W  R  D  Y  O  S  P  R  Z  Ę  T  K
T  K  A  L  C  O  S  W  A  G  A  U  A  A
Q  A  Ć  J  E  O  Z  J  E  Z  I  O  R  O
```

WODA
PŁETWY
ŁÓDŹ
SKRZELA
KOSZ
GOTOWAĆ
SPRZĘT
PRZESADA
DRUT

HAK
PRZYNĘTA
JEZIORO
SZCZĘKA
OCEAN
CIERPLIWOŚĆ
WAGA
PLAŻA
RZEKA

5 - Geologia

```
K  W  K  O  N  T  Y  N  E  N  T  P  Ł  P
R  Q  U  S  T  A  L  A  G  M  I  T  Y  Ł
Y  W  H  L  E  R  O  Z  J  A  U  D  G  A
S  B  D  W  K  D  S  T  R  E  F  A  T  S
Z  T  W  Y  N  A  Y  T  L  E  A  F  R  K
T  V  U  K  L  D  N  T  C  K  A  N  O  O
A  A  C  Y  K  L  E  X  C  O  S  C  Y  W
Ł  M  O  B  W  M  I  N  E  R  A  Ł  Y  Y
Y  Z  C  K  A  M  I  E  Ń  A  G  Ł  X  Ż
E  H  V  Y  S  C  J  T  E  L  R  O  K  W
S  T  A  L  A  K  T  Y  T  K  O  E  W  A
W  D  G  S  A  F  W  A  R  S  T  W  A  P
P  A  C  C  Ó  W  U  E  G  B  A  L  R  Ń
Y  Ł  X  H  Z  L  A  P  H  D  H  F  C  X
```

KWAS	STALAGMITY
WARSTWA	LAWA
GROTA	MINERAŁY
WAPŃ	KAMIEŃ
CYKLE	PŁASKOWYŻ
KONTYNENT	KWARC
KORAL	SÓL
KRYSZTAŁY	WULKAN
EROZJA	STREFA
STALAKTYT	

6 - Móveis

```
L  R  F  U  G  M  L  Q  M  B  B  I  P  E
D  B  J  F  V  Q  O  U  V  G  O  T  O  Ł
I  J  I  D  B  Y  Q  O  S  J  S  M  D  A
Z  W  B  U  O  U  C  N  V  T  I  L  U  W
V  L  L  S  R  E  G  A  Ł  S  R  P  S  K
I  H  A  M  A  K  R  Z  E  S  Ł  O  Z  A
P  Y  K  E  H  U  O  F  S  P  V  D  K  D
K  A  N  A  P  A  F  O  T  E  L  U  I  Y
U  B  Y  P  V  I  F  Ł  B  O  E  S  Ł  W
S  N  P  Z  Ó  Ł  Ó  Ż  K  O  D  Z  E  A
Z  T  Q  W  P  Ł  F  U  T  O  N  K  Ł  N
S  C  S  S  L  T  K  O  M  O  D  A  K  F
M  A  T  E  R  A  C  I  A  J  H  U  R  O
Z  A  S  Ł  O  N  Y  A  A  Ł  D  C  K  L
```

PODUSZKA	REGAŁ
PODUSZKI	FUTON
ŁAWKA	HAMAK
KRZESŁO	BIURKO
ŁÓŻKO	FOTEL
MATERAC	PÓŁKI
ZASŁONY	KANAPA
KOMODA	DYWAN
LUSTRO	

7 - Tempo

```
W W D Z I E Ń R O C Z N E N
F J M W Z F C D P B L O F O
L N T C N R D Z O S X Q K C
B L M Z S F U I Ł T J N H T
R A N O E J T S U U M W Z Y
V W T R M E P I D L J N E D
G P N A P E R A N E Q S G Z
Q E S J R A N J I C K I A I
U B X X Z P N T E I D A R E
T L S T E R A Z B E M K D Ń
W P S N D V T G O D Z I N A
M I E S I Ą C M I N U T A L
P R Z Y S Z Ł O Ś Ć S Z Y J
K X D R O K A L E N D A R Z
```

TERAZ
ROK
PRZED
ROCZNE
KALENDARZ
DEKADA
DZIEŃ
PRZYSZŁOŚĆ
DZISIAJ
GODZINA

RANO
POŁUDNIE
MIESIĄC
MINUTA
MOMENT
NOC
WCZORAJ
ZEGAR
TYDZIEŃ
STULECIE

8 - Astronomia

```
Y  F  R  R  W  F  J  V  G  P  D  I  A  S
E  L  A  F  D  R  R  M  R  L  O  Z  S  U
T  Z  K  O  S  M  O  S  A  A  B  A  T  P
H  S  I  A  H  G  Y  H  W  N  S  Ć  R  E
D  Ł  E  C  W  G  Ł  X  I  E  E  M  O  R
Z  E  T  V  B  P  S  U  T  T  R  I  N  N
S  L  A  E  L  Z  K  D  A  A  W  E  A  O
K  O  N  S  T  E  L  A  C  J  A  N  U  W
S  M  Z  E  T  X  D  Ł  J  O  T  I  T  A
I  G  E  I  R  R  X  Z  A  J  O  E  A  N
Ę  A  S  T  E  R  O  I  D  A  R  M  J  I
Ż  F  F  B  E  M  G  N  M  T  I  L  O  E
Y  H  W  S  F  O  I  V  O  Z  U  K  L  B
C  M  U  S  M  E  R  A  U  M  M  Y  N  O
```

ASTEROIDA

ASTRONAUTA

ASTRONOM

NIEBO

KONSTELACJA

KOSMOS

ZAĆMIENIE

RAKIETA

GRAWITACJA

KSIĘŻYC

METEOR

OBSERWATORIUM

PLANETA

SUPERNOWA

ZIEMIA

9 - Circo

```
W  E  T  Z  D  U  B  Y  S  W  B  M  J  S
Z  I  L  I  E  C  S  L  K  Q  A  U  L  P
W  Ż  D  K  Q  X  Ł  G  E  Ł  L  Z  K  E
I  O  A  Z  U  A  O  C  X  W  O  Y  U  K
E  N  A  W  D  O  Ń  A  E  G  N  K  E  T
R  G  N  A  M  I  O  T  F  O  Y  A  H  A
Z  L  B  K  M  A  G  I  K  B  P  B  M  K
Ą  E  A  O  R  A  K  R  O  B  A  T  A  U
T  R  H  S  Z  O  Ł  O  X  I  R  Y  G  L
D  V  M  T  W  A  L  P  O  L  A  G  I  A
C  U  K  I  E  R  E  K  A  E  D  R  A  R
K  L  A  U  N  X  O  T  N  T  A  Y  U  N
H  R  N  M  L  F  N  A  J  R  E  S  Z  Y
I  L  B  S  Z  T  U  C  Z  K  A  P  L  S
```

AKROBATA	MAŁPA
ZWIERZĄT	MAGIA
BALONY	ŻONGLER
BILET	MAGIK
PARADA	MUZYKA
CUKIEREK	KLAUN
SŁOŃ	NAMIOT
WIDZ	TYGRYS
SPEKTAKULARNY	KOSTIUM
LEW	SZTUCZKA

10 - Acampamento

```
U  N  Q  K  N  J  U  N  O  M  S  P  E  M
J  A  Ł  Z  U  V  Ł  J  E  Z  I  O  R  O
P  T  N  A  M  I  O  T  B  K  K  L  S  L
R  U  E  G  N  V  M  C  O  A  M  O  P  A
Z  R  T  G  N  O  K  O  I  J  L  W  R  S
Y  A  K  H  B  W  K  A  M  A  P  A  Z  T
G  T  W  Z  W  A  O  K  P  K  E  N  Ę  Z
O  S  T  H  G  D  M  P  A  E  L  I  T  W
D  M  H  F  Ó  W  P  U  U  B  L  E  V  I
A  R  K  W  R  H  A  M  A  K  I  U  E  E
F  E  Z  C  A  F  S  Y  Q  E  N  N  S  R
O  G  I  E  Ń  Z  O  W  J  O  A  Z  A  Z
E  R  I  N  W  K  S  I  Ę  Ż  Y  C  B  Ą
I  Y  E  T  I  A  I  D  F  T  S  R  K  T
```

ZWIERZĄT	LAS
PRZYGODA	OGIEŃ
DRZEWA	OWAD
KOMPAS	JEZIORO
KABINA	KSIĘŻYC
POLOWANIE	HAMAK
KAJAK	MAPA
KAPELUSZ	GÓRA
LINA	NATURA
SPRZĘT	NAMIOT

11 - Emoções

```
Z O E U K G D B U R I S M E
A J S I W N Z U D F G P I A
W N M D F I M R P S Z O Ł W
A G U E B E W A O L Z K O S
R Y T D T W D D K Z A Ó Ś P
T Z E Y A D J O Ó O K J Ć Ó
O C K X X Z Q Ś J Z Ł O K Ł
Ś Z Q Z G I C Ć H W O A S C
Ć U G U M Ę E K E U P J H Z
B Ł J Ż Y C Z L I W O Ś Ć U
Y O D I K Z M U F Z T X Ł C
C Ś Z Q R N Z S T R A C H I
B Ć X K I Y R Y Y S N Ł G E
Z A D O W O L O N A Y K O Y
```

RADOŚĆ	POKÓJ
MIŁOŚĆ	GNIEW
ROZKOSZ	ZADOWOLONA
ŻYCZLIWOŚĆ	WSPÓŁCZUCIE
ZAWARTOŚĆ	CZUŁOŚĆ
ZAKŁOPOTANY	NUDA
WDZIĘCZNY	SPOKÓJ
STRACH	SMUTEK

12 - Ficção Científica

```
C G W T T Z Q Y Q J I S Z G
J R D P M A M X G S L K W A
Ł P T J L K J V Q N U R Ł L
H V J N I A Y E B S Z A W A
W Y B U C H N J M M J J Y K
A T O M O W Y E R N A N R T
M L L A F J P A T B I Y O Y
D Y S T O P I A H A N C C K
T E C H N O L O G I A K Z A
C A R O B O T Y N N F I N Y
J T E T G A Y C A Q Ł N I W
P K Y K S I Ą Ż K I F O A I
Z D O V N C E Z G S H R E S
G Ś W I A T U Ń V J F F X R
```

ATOMOWY	KSIĄŻKI
KINO	TAJEMNICZY
DYSTOPIA	ŚWIAT
WYBUCH	WYROCZNIA
SKRAJNY	PLANETA
OGIEŃ	ROBOTY
GALAKTYKA	TECHNOLOGIA
ILUZJA	

13 - Mitologia

```
L J K B O H A T E R K A W J
Q A M A G I C Z N Y L M I P
P Ł B S T W O R Z E N I E I
S P P I D A B P O T W Ó R O
P M V S R X S O Y K N J Z R
A J H X A Y S T H Z Q D E U
G R Z M O T N Q R A A Ł N N
L E G E N D A T P O T M I O
Ś M I E R T E L N Y F E A B
K Z C L K S S Q H X L A R B
Z N E M N I Z A Z D R O Ś Ć
R O F D I Ł A R C H E T Y P
V I K R E A C J A F M O S R
Z A C H O W A N I E O F V D
```

ARCHETYP	BOHATER
ZAZDROŚĆ	LABIRYNT
ZACHOWANIE	LEGENDA
WIERZENIA	MAGICZNY
KREACJA	POTWÓR
STWORZENIE	ŚMIERTELNY
KATASTROFA	PIORUN
SIŁA	GRZMOT
BOHATERKA	

14 - Medições

```
D  X  M  O  B  J  Ę  T  O  Ś  Ć  Q  W  S
O  C  A  C  H  Q  O  D  U  Ł  K  S  Y  Z
D  A  S  Q  A  D  Ł  U  G  O  Ś  Ć  S  E
G  Z  A  Z  E  L  M  O  Z  U  I  W  O  R
R  K  I  L  O  M  E  T  R  Q  J  A  K  O
A  M  C  E  N  T  Y  M  E  T  R  G  O  K
M  Z  H  R  S  Z  R  W  V  F  V  A  Ś  O
L  V  D  C  H  I  W  Z  P  O  Q  E  Ć  Ś
I  Y  T  H  G  Ł  Ę  B  O  K  O  Ś  Ć  Ć
T  M  I  N  U  T  A  T  W  G  F  F  S  U
R  M  E  T  O  N  A  R  N  Q  X  Z  D  N
Q  G  D  T  M  N  C  I  L  Y  C  S  Ł  C
Q  R  S  U  R  K  I  L  O  G  R  A  M  J
B  A  J  T  N  S  T  O  P  I  E  Ń  T  A
```

WYSOKOŚĆ	METR
BAJT	MINUTA
CENTYMETR	UNCJA
DŁUGOŚĆ	WAGA
DZIESIĘTNY	CAL
GRAM	GŁĘBOKOŚĆ
STOPIEŃ	KILOGRAM
SZEROKOŚĆ	KILOMETR
LITR	TONA
MASA	OBJĘTOŚĆ

15 - Plantas

```
P  E  E  P  F  A  E  B  K  Ź  F  D  B  C
D  Ł  B  B  O  S  P  O  Q  R  A  R  L  I
X  N  A  W  Ó  Z  Z  T  H  Ó  S  Z  U  H
V  H  M  T  U  V  A  A  Z  D  O  E  S  O
V  B  B  M  E  C  H  N  I  Ł  L  W  Z  A
Ł  X  U  S  V  K  R  I  O  O  A  O  C  A
J  D  S  H  O  R  F  K  Ł  G  F  H  Z  M
C  A  T  F  J  Z  K  A  O  I  R  P  E  V
Y  Ł  G  L  Z  A  T  R  A  W  A  Ó  B  D
L  A  S  O  U  K  A  K  T  U  S  L  D  T
E  K  S  R  D  A  T  L  E  I  A  I  O  D
K  Q  O  A  W  A  L  V  V  S  O  Ś  A  A
R  O  Ś  L  I  N  N  O  Ś  Ć  F  C  L  S
K  W  I  A  T  M  A  G  H  R  O  I  R  M
```

KRZAK	FLORA
DRZEWO	LAS
JAGODA	LIŚCI
BAMBUS	TRAWA
BOTANIKA	BLUSZCZ
KAKTUS	OGRÓD
ZIOŁO	MECH
FASOLA	PŁATEK
NAWÓZ	ŹRÓDŁO
KWIAT	ROŚLINNOŚĆ

16 - Veículos

```
S  V  S  V  H  U  F  S  S  K  S  M  E  K
C  K  Y  X  A  S  A  T  I  Z  A  Z  Z  A
G  W  U  H  Z  N  B  A  L  W  M  W  U  R
G  Y  S  T  F  I  I  X  N  V  O  V  S  A
C  V  H  G  E  F  I  I  I  Q  C  Y  V  W
C  I  Ę  Ż  A  R  Ó  W  K  A  H  D  P  A
R  O  T  R  A  T  W  A  O  Ł  Ó  D  Ź  N
A  X  P  R  O  M  Z  O  F  E  D  R  X  A
K  A  R  O  N  A  M  B  U  L  A  N  S  U
I  Q  A  W  N  D  E  E  Q  B  S  N  M  T
E  B  X  E  V  Y  T  T  Z  N  S  T  R  O
T  J  E  R  U  W  R  N  G  R  T  K  V  B
A  U  R  S  A  M  O  L  O  T  D  J  D  U
Ł  Ó  D  Ź  P  O  D  W  O  D  N  A  O  S
```

AMBULANS	VAN
SAMOLOT	TRATWA
PROM	SKUTER
ŁÓDŹ	METRO
ROWER	SILNIK
CIĘŻARÓWKA	AUTOBUS
KARAWANA	OPONY
SAMOCHÓD	ŁÓDŹ PODWODNA
RAKIETA	TAXI

17 - Restaurante # 2

```
Y  F  S  K  K  X  X  D  Y  E  Q  X  S  Ł
E  J  J  V  R  K  H  B  W  J  A  J  A  Y
C  P  O  H  R  Z  U  P  A  C  N  W  Ł  Ż
I  Y  Y  W  I  D  E  L  E  C  P  A  A  K
A  U  T  S  T  J  Z  S  T  E  R  R  T  A
S  P  H  K  Z  Ł  I  X  Ł  Q  Z  Z  K  C
T  E  F  A  S  N  Y  L  N  O  Y  Y  A  Q
O  Ł  X  G  N  Ó  Y  X  N  B  P  W  X  Ł
K  E  L  N  E  R  L  E  K  T  R  A  Ł  E
W  O  M  H  K  K  Ó  S  Q  N  A  P  Ó  J
O  W  I  R  R  F  D  L  F  H  W  A  X  V
D  O  P  Y  O  B  I  A  D  H  Y  Z  G  F
A  C  G  B  P  R  Z  Y  S  T  A  W  K  A
Y  M  M  A  K  A  R  O  N  F  Y  A  B  F
```

PRZYSTAWKA	WIDELEC
WODA	LÓD
NAPÓJ	OBIAD
CIASTO	WARZYWA
KRZESŁO	MAKARON
ŁYŻKA	JAJA
PYSZNY	RYBA
PRZYPRAWY	SÓL
OWOC	SAŁATKA
KELNER	ZUPA

18 - Países #2

```
P  N  I  U  Z  E  I  U  H  A  A  M  H  J
A  P  C  Ł  Q  D  C  R  K  F  L  R  J  A
K  O  L  A  O  S  K  P  L  R  B  E  A  M
I  N  D  O  N  E  Z  J  A  A  A  J  P  A
S  O  M  A  L  I  A  R  H  N  N  I  O  J
T  N  E  N  Q  Ł  O  O  J  C  I  D  N  K
A  I  K  X  G  J  L  S  L  J  A  N  I  A
N  G  S  Y  R  I  A  J  D  A  N  I  A  A
F  E  Y  K  A  M  H  A  E  G  N  L  P  L
R  R  K  N  E  P  A  L  V  R  P  I  K  Y
P  I  P  Ł  E  B  I  I  I  E  J  B  W  P
J  A  J  J  Z  Q  T  Ł  Q  C  Q  A  N  K
U  G  A  N  D  A  I  X  Z  J  Y  N  E  A
X  Z  D  Ł  E  F  F  T  C  A  J  P  H  A
```

ALBANIA	LIBAN
DANIA	MEKSYK
FRANCJA	NEPAL
GRECJA	NIGERIA
HAITI	PAKISTAN
INDONEZJA	ROSJA
IRLANDIA	SYRIA
JAMAJKA	SOMALIA
JAPONIA	UKRAINA
LAOS	UGANDA

19 - Cozinha

```
S  Ł  O  I  K  P  P  G  C  Q  R  P  D  D
D  J  E  Ś  Ć  R  R  R  T  O  O  I  Z  L
F  P  O  I  Z  Z  Z  I  H  E  H  E  B  O
Ł  A  N  I  D  E  Y  L  M  I  S  K  A  D
D  A  O  S  W  P  P  L  W  J  H  A  N  Ó
Ł  Y  Ż  K  I  I  R  C  M  T  Ł  R  E  W
I  R  E  R  D  S  A  W  Z  F  D  N  K  K
K  Q  C  F  E  G  W  M  R  A  S  I  F  A
Q  U  B  S  L  Ą  Y  M  V  R  J  K  H  G
S  Y  B  X  C  B  S  D  Y  T  I  N  E  K
Q  A  L  K  E  K  L  Y  I  U  B  J  I  B
P  D  Q  J  I  A  C  H  O  C  H  L  A  K
P  A  Ł  E  C  Z  K  I  V  H  U  T  R  L
I  P  D  N  Q  D  S  E  R  W  E  T  K  A
```

FARTUCH	WIDELCE
CZAJNIK	LODÓWKA
ŁYŻKI	GRILL
JEŚĆ	SERWETKA
CHOCHLA	SŁOIK
KUBKI	DZBANEK
PRZYPRAWY	PAŁECZKI
GĄBKA	PRZEPIS
NOŻE	MISKA
PIEKARNIK	

20 - Brinquedos

```
R O W E R J F L F L A G K G
O Ł B D U S Z A C H Y Ł F G
X C I Q S R R T R D A Ó C H
X O J K S Z Y A O B V D G E
G L I N A E S W B U Y Ź S C
Q R R Z M M A I O L Z K B I
G Z Y Q O I M E T U J S D Ę
Ł P U F L O O C P B Q I V Ż
T J T I O S C J I I U Ą K A
P L L P T Ł H Ł S O Ł Ż L R
N L A L K A Ó W Ł N X K X Ó
Q P E P R T D A A Y K I A W
B Ę B N Y M Ł G V E I I J K
W Y O B R A Ź N I A O B H A
```

GLINA
RZEMIOSŁA
SAMOLOT
ŁÓDŹ
BĘBNY
ROWER
PIŁKA
LALKA
CIĘŻARÓWKA

SAMOCHÓD
ULUBIONY
WYOBRAŹNIA
GRY
KSIĄŻKI
LATAWIEC
ROBOT
FARBY
SZACHY

21 - Verão

```
I  W  D  G  Y  G  R  Y  Y  P  N  Ł  A  V
R  D  P  W  G  B  E  F  Ł  D  U  S  S  W
A  A  O  Y  K  P  L  A  Ż  A  R  D  R  O
G  R  D  P  L  K  A  J  S  B  K  K  O  J
Y  I  R  O  Ł  X  K  L  L  M  O  E  O  M
D  A  Ó  C  Ś  R  S  A  C  O  W  M  K  N
U  N  Ż  Z  K  Ć  A  T  J  R  A  P  S  E
M  U  Z  Y  K  A  N  R  B  Z  N  I  I  T
E  Z  K  N  S  M  D  R  O  E  I  N  Ą  O
Q  C  M  E  R  S  A  P  A  D  E  G  Ż  G
E  E  S  K  J  D  Ł  H  O  S  Z  R  K  R
T  Ł  Z  Z  Y  K  Y  Q  B  D  L  I  I  Ó
V  O  K  Z  F  G  W  I  A  Z  D  Y  N  D
P  R  Z  Y  J  A  C  I  E  L  E  M  F  A
```

KEMPING
RADOŚĆ
PRZYJACIELE
DOM
GWIAZDY
RODZINA
OGRÓD
GRY
WYPOCZYNEK

KSIĄŻKI
MORZE
NURKOWANIE
MUZYKA
PLAŻA
RELAKS
SANDAŁY
PODRÓŻ

22 - Material de Arte

```
A  K  R  E  A  T  Y  W  N  O  Ś  Ć  J  L
T  K  O  L  O  R  Y  O  G  L  M  D  G  Ł
R  R  W  K  Ł  Y  H  D  P  E  Q  P  T  E
A  Z  F  A  R  B  Y  A  J  J  M  S  V  O
M  E  P  W  R  C  G  U  M  K  A  Z  Y  P
E  S  P  C  I  E  U  G  S  M  Ł  T  J  Ę
N  Ł  T  O  O  O  L  W  X  G  G  A  O  D
T  O  D  Ł  A  S  R  E  I  Q  D  L  C  Z
P  G  H  Ó  V  T  B  X  I  A  L  U  B  L
H  A  V  W  R  Ó  M  P  J  T  K  G  G  E
T  S  P  K  K  Ł  O  A  K  Y  X  A  L  X
R  D  P  I  R  L  K  A  M  E  R  A  I  V
P  A  S  T  E  L  E  A  K  R  Y  L  N  S
C  C  S  O  Y  R  S  J  W  N  H  C  A  Z
```

AKRYL	KREATYWNOŚĆ
GUMKA	PĘDZLE
AKWARELE	OŁÓWKI
GLINA	STÓŁ
WODA	OLEJ
KRZESŁO	PAPIER
SZTALUGA	PASTELE
KAMERA	ATRAMENT
KLEJ	FARBY
KOLORY	

23 - Números

```
L I N P B M M O S I E M T O
C Z T E R N A Ś C I E I C Z
Z E R O G D P N D K N I U S
P D J H U Z N F Y Ł N V P Z
I Z E O S I E M N A Ś C I E
Ę I D U I E C L H S S S Ę S
T E E P E S D Z H O W Z Ć N
N W N I D I N Z T J I E Z A
A I K R E Ę K M I E D Ś D Ś
Ś Ę T O M T R Y Z E R Ć W C
C Ć V W R N P J M B S Y A I
I R A P J Y T R Z Y Z I O E
E D W A D Z I E Ś C I A Ę X
S I E D E M N A Ś C I E C Ć
```

PIĘĆ	CZTERNAŚCIE
DZIESIĘTNY	CZTERY
DZIESIĘĆ	PIĘTNAŚCIE
SZESNAŚCIE	SZEŚĆ
SIEDEMNAŚCIE	SIEDEM
OSIEMNAŚCIE	TRZY
DWA	JEDEN
DZIEWIĘĆ	DWADZIEŚCIA
OSIEM	ZERO

24 - Especiarias

```
I  K  V  T  A  P  I  E  P  R  Z  J  K  X
S  M  Ł  L  N  Q  N  N  N  Y  K  S  A  A
F  I  B  R  Y  N  F  U  F  M  Z  M  R  R
Q  N  Z  I  Ż  D  R  V  S  G  Y  A  D  G
J  E  G  O  R  Z  K  I  O  R  H  K  A  O
L  K  W  A  N  I  L  I  A  S  K  W  M  Ź
K  O  P  E  R  W  Ł  O  S  K  I  A  O  D
C  Z  O  S  N  E  K  C  Z  Ó  C  Ś  N  Z
E  U  C  Y  N  A  M  O  N  D  L  N  Z  I
B  V  R  W  S  Ł  O  D  K  I  E  Y  T  K
U  E  M  R  W  P  R  V  J  H  Q  X  I  V
L  Q  S  W  Y  S  Z  A  F  R  A  N  N  K
A  L  U  K  R  E  C  J  A  U  S  M  P  U
K  O  L  E  N  D  R  A  E  W  V  X  E  Y
```

SZAFRAN	CEBULA
LUKRECJA	KOLENDRA
CZOSNEK	KMINEK
GORZKI	GOŹDZIK
ANYŻ	SŁODKIE
KWAŚNY	KOPER WŁOSKI
WANILIA	IMBIR
CYNAMON	PIEPRZ
KARDAMON	SMAK
CURRY	SÓL

25 - Aniversário

```
P U Q Z P Z Y R A D O S N Y
I R Z A P R O S Z E N I A D
O O K P S O E X C Z A S H Z
S D A S P K B Z M I L H M I
E Z L K E U I Ł E P A W Ł E
N O E A C L Z G T N J S K Ń
K N N R J N W V O W T J T I
A Y D T A W M Ą D R O Ś Ć O
W M A Y L H Z Ł E Ł K W H G
N Q R I N B F E O G T I R Q
D I Z K Y G G Ł M D Ł E O H
S Z C Z Ę Ś L I W Y Y C O Z
P R Z Y J A C I E L E E C I
U R O C Z Y S T O Ś Ć A B M
```

RADOSNY	DZIEŃ
PRZYJACIELE	PREZENT
ROK	SPECJALNY
CIASTO	SZCZĘŚLIWY
KALENDARZ	MŁODY
PIOSENKA	URODZONY
KARTY	MĄDROŚĆ
UROCZYSTOŚĆ	CZAS
ZAPROSZENIA	ŚWIECE

26 - Casa

```
P H K O S G P P P D R Z W I
O L U B U R A R L X E A M Z
K E C A F K O R Y G Q S J A
Ó C H Z I O G W A S B Ł C A
J S N L T M R S M Ż Z O B K
Ś B I B L I O T E K A N M L
C C A V O N D R B R G Y I U
C Ł I H Ł E Z Y L A Y X O C
Ł Y I A O K E C E N O G T Z
E G V C N O N H Q G K O Ł E
O G R Ó D A I I D P N A A Q
L U S T R O E I H O O F V V
Z D Y W A N N W J J J R V U
V B G M U Ł M Z Ł I X F D Y
```

BIBLIOTEKA	KOMINEK
OGRODZENIE	MEBLE
KLUCZE	ŚCIANA
PRYSZNIC	DRZWI
ZASŁONY	POKÓJ
KUCHNIA	STRYCH
LUSTRO	DYWAN
GARAŻ	SUFIT
OKNO	KRAN
OGRÓD	MIOTŁA

27 - Vegetais

```
Ł  B  B  S  Z  P  I  N  A  K  Z  N  R  P
G  S  S  Y  Z  I  E  M  N  I  A  K  Z  I
I  G  N  T  K  A  R  C  Z  O  C  H  O  E
I  M  T  H  V  G  L  C  I  A  K  W  D  T
P  O  M  I  D  O  R  O  G  Ó  R  E  K  R
B  A  K  Ł  A  Ż  A  N  T  Y  F  D  I  U
R  G  R  O  C  H  C  M  D  K  Ł  G  E  S
O  V  F  S  Z  V  O  K  Ł  Y  A  P  W  Z
K  C  U  C  Z  O  S  N  E  K  N  Ł  K  K
U  C  T  E  I  M  B  I  R  G  K  I  A  A
Ł  I  C  B  D  Z  D  P  N  S  R  V  A  Z
Y  M  I  U  S  A  Ł  A  T  K  A  Z  E  M
G  S  E  L  E  R  Z  E  P  A  Ł  Y  C
T  C  P  A  M  A  R  C  H  E  W  K  A  B
```

DYNIA	GRZYB
SELER	GROCH
KARCZOCH	SZPINAK
CZOSNEK	IMBIR
ZIEMNIAK	RZEPA
BAKŁAŻAN	OGÓREK
BROKUŁY	RZODKIEWKA
CEBULA	SAŁATKA
MARCHEWKA	PIETRUSZKA
SZALOTKA	POMIDOR

28 - Balé

```
C H O R E O G R A F I A T V
P D U M I E J Ę T N O Ś Ć N
Ć W I C Z Y Ć M W A K W F V
A S G E S T A T Y W L U W B
Q R O L J F J Ł R D A Ł J A
A R T L P R Ó B A Z S T Y L
H H X Y O Q V X Z I K T R E
U R K I S D D L I Ę I E I R
H Ł M V Y T I Q S C K C L I
E F U Q V R Y I T Z C H B N
M U Z Y K A Y C Y N F N J A
L P P N Y Q G T Z Y E I I P
T A N C E R Z E M N S K J L
K O M P O Z Y T O R Y A W U
```

OKLASKI	GEST
ARTYSTYCZNY	WDZIĘCZNY
BALERINA	UMIEJĘTNOŚĆ
KOMPOZYTOR	MUZYKA
CHOREOGRAFIA	ĆWICZYĆ
TANCERZE	RYTM
PRÓBA	SOLO
STYL	TECHNIKA
WYRAZISTY	

29 - Conservação

```
C D S I R V P J K J Q L E D
A L Z M N I E J S Z Y Ć D C
O N F T Y S S Y V I Z Ś U Y
S R I K A I T Ł N E R R K K
B K G B Z E Y D A L Ó O A L
F R Ł A M D C A T O W D C R
W O D A N L Y B U N N O J E
Z Ł D G S I D K R Y O W A C
G D Z V P S C P A D W I G Y
D Y R G M K R Z L P A S R K
M Y G O Q O F Y N Ł Ż K N L
J Z W J W B I C Y Y O O Y I
S L A Y A I Z E Y U N B F N
K L I M A T E Y E R Y P D G
```

ŚRODOWISKO
WODA
CYKL
KLIMAT
EDUKACJA
SIEDLISKO
NATURALNY

ORGANICZNY
PESTYCYD
RECYKLING
ZMNIEJSZYĆ
ZDROWIE
ZRÓWNOWAŻONY
ZIELONY

30 - Adjetivos #1

```
I  N  C  I  E  M  N  Y  H  E  C  D  E  N
C  D  O  T  E  P  O  W  O  L  I  N  G  R
E  U  E  W  R  H  Q  Z  J  W  Ę  G  Z  F
N  Ż  R  N  O  X  U  H  N  A  Ż  T  O  O
N  Y  D  L  T  C  C  F  Y  Ż  K  A  T  P
Y  X  R  W  B  Y  Z  H  Q  N  I  J  Y  O
W  Q  Q  D  U  X  C  E  X  Y  V  E  C  W
S  C  I  E  N  K  I  Z  S  X  Z  M  Z  A
I  A  Y  V  A  I  W  V  N  N  Q  N  N  Ż
A  T  R  A  K  C  Y  J  N  Y  Y  I  Y  N
O  G  R  O  M  N  Y  C  D  N  H  C  H  Y
I  L  Y  A  R  T  Y  S  T  Y  C  Z  N  Y
D  Q  H  D  O  S  K  O  N  A  Ł  Y  E  C
F  P  S  W  W  A  B  S  O  L  U  T  N  Y
```

ABSOLUTNY

ARTYSTYCZNY

ATRAKCYJNY

OGROMNY

CIEMNY

EGZOTYCZNY

CIENKI

HOJNY

DUŻY

UCZCIWY

IDENTYCZNY

WAŻNY

POWOLI

TAJEMNICZY

NOWOCZESNY

DOSKONAŁY

CIĘŻKI

POWAŻNY

CENNY

31 - Insetos

```
M  J  W  L  C  P  T  P  P  X  C  M  Z  K
N  O  Q  U  W  H  E  J  C  B  Y  R  J  O
U  N  D  U  N  C  R  M  L  Ć  K  Ó  Y  N
O  S  A  L  F  H  M  Z  P  M  A  W  K  I
X  Q  I  I  I  I  I  A  Ą  A  D  K  S  K
R  O  B  A  K  S  T  T  K  S  A  A  B  P
M  S  Z  Y  C  A  Z  B  A  K  Z  P  Q  O
W  M  O  T  Y  L  O  K  R  E  O  C  U  L
A  P  S  Z  C  Z  O  Ł  A  L  K  M  Z  N
Ż  Z  E  P  F  U  X  U  L  A  R  W  A  Y
K  K  D  Z  G  G  R  S  U  T  D  W  I  R
A  E  F  W  S  U  X  P  C  H  Ł  A  A  Ł
Z  F  F  X  A  W  V  E  H  H  G  V  C  Ł
B  I  E  D  R  O  N  K  A  X  K  H  Z  Z
```

PSZCZOŁA	LARWA
KARALUCH	WAŻKA
CHRZĄSZCZ	MODLISZKA
MOTYL	ĆMA
CYKADA	ROBAK
TERMIT	KOMAR
MRÓWKA	PCHŁA
KONIK POLNY	MSZYCA
BIEDRONKA	OSA

32 - Paisagens

```
O  S  U  Ł  Ł  J  W  J  E  Z  I  O  R  O
P  U  S  T  Y  N  I  A  G  Ó  R  A  Y  W
L  N  D  W  Y  S  P  A  B  B  K  Z  M  V
S  W  O  D  O  S  P  A  D  A  L  A  D  U
M  F  L  T  E  P  C  W  Z  G  Ó  R  Z  E
J  V  I  R  U  Ł  S  V  A  N  A  J  H  Z
P  Y  N  G  K  N  L  B  M  O  R  Z  E  A
X  Ó  A  R  S  H  D  O  U  Y  Z  B  K  T
U  O  Ł  N  F  Z  J  R  D  A  D  Q  Q  O
Ł  C  O  W  K  L  E  C  A  O  A  Y  Z  K
A  E  F  C  Y  P  L  A  Ż  A  W  Y  R  A
O  A  G  J  A  S  K  I  N  I  A  I  I  L
F  N  D  T  R  Z  E  K  A  B  G  Ł  E  W
H  X  U  Q  O  V  J  P  Q  H  K  Z  M  C
```

WODOSPAD	GÓRA
JASKINIA	OAZA
WZGÓRZE	OCEAN
PUSTYNIA	BAGNO
LODOWIEC	PÓŁWYSEP
ZATOKA	PLAŻA
WYSPA	RZEKA
JEZIORO	TUNDRA
MORZE	DOLINA

33 - Dança

```
R  T  C  W  Ł  T  V  P  R  X  J  O  M  P
A  Y  C  Q  V  A  Z  V  R  Y  T  M  U  A
D  P  H  O  P  P  S  V  K  Ó  C  C  Z  R
O  K  O  S  Y  H  K  K  L  A  B  W  Y  T
S  U  R  S  Z  T  U  K  A  Q  S  A  K  N
N  L  E  C  T  R  J  W  S  O  K  K  A  E
Y  T  O  I  W  A  Y  Y  Y  Q  O  A  X  R
C  U  G  A  I  D  W  R  C  R  K  D  E  E
W  R  R  Ł  Z  Y  A  A  Z  U  U  E  M  W
A  A  A  O  U  C  P  Z  N  C  L  M  O  K
X  L  F  S  A  Y  G  I  Y  H  T  I  C  O
L  N  I  C  L  J  D  S  L  Q  U  A  J  O
S  Y  A  O  N  N  B  T  K  U  R  Q  A  Y
K  G  K  W  Y  Y  I  Y  S  T  A  H  V  C
```

AKADEMIA
RADOSNY
SZTUKA
KLASYCZNY
CHOREOGRAFIA
CIAŁO
KULTURA
KULTURALNY
EMOCJA
PRÓBA

WYRAZISTY
ŁASKA
RUCH
MUZYKA
PARTNER
POSTAWA
RYTM
SKOK
TRADYCYJNY
WIZUALNY

34 - Nutrição

```
W  W  H  Y  X  M  K  K  U  N  Z  X  Z  J
S  Ę  H  Y  J  S  J  A  K  O  Ś  Ć  D  A
K  E  G  H  D  Z  A  L  A  W  B  C  R  D
Ł  K  T  L  N  R  J  O  M  P  E  H  O  A
A  X  R  W  O  Ó  Z  R  M  T  E  W  W  L
D  D  A  I  U  W  W  I  C  S  V  T  Y  N
N  G  W  T  J  N  O  E  S  O  S  B  Y  Y
I  O  I  A  B  O  I  D  M  T  N  I  Z  T
K  R  E  M  F  W  A  G  A  W  W  A  D  O
I  Z  N  I  Q  A  Ł  Ł  K  N  O  Ł  R  K
N  K  I  N  G  Ż  P  Ł  Y  N  Y  K  O  S
W  I  E  A  U  O  J  E  S  H  R  A  W  Y
F  E  R  M  E  N  T  A  C  J  A  D  I  N
R  H  Ł  Y  E  Y  A  D  I  E  T  A  E  A
```

GORZKI
APETYT
KALORIE
WĘGLOWODANY
JADALNY
DIETA
TRAWIENIE
ZRÓWNOWAŻONY
FERMENTACJA
SKŁADNIKI

PŁYNY
SOS
WAGA
BIAŁKA
JAKOŚĆ
SMAK
ZDROWY
ZDROWIE
TOKSYNA
WITAMINA

35 - Disciplinas Científicas

```
S  T  B  O  T  A  N  I  K  A  B  U  M  U
V  O  E  I  H  D  Ł  F  U  Y  I  M  E  M
D  D  C  R  O  W  W  S  F  F  O  I  C  E
Y  J  Z  J  M  C  T  Y  O  C  L  N  H  T
G  A  P  R  O  O  H  K  L  H  O  E  A  E
H  Y  P  N  C  L  D  E  N  E  G  R  N  O
F  U  N  Y  F  T  O  Y  M  M  I  A  I  R
W  W  R  Z  H  G  E  G  N  I  A  L  K  O
A  S  T  R  O  N  O  M  I  A  A  O  A  L
G  E  O  L  O  G  I  A  T  A  M  G  H  O
F  I  Z  J  O  L  O  G  I  A  Y  I  S  G
A  N  A  T  O  M  I  A  Q  E  X  A  K  I
J  G  I  M  M  U  N  O  L  O  G  I  A  A
O  J  E  C  J  E  K  O  L  O  G  I  A  W
```

ANATOMIA
ASTRONOMIA
BIOLOGIA
BIOCHEMIA
BOTANIKA
EKOLOGIA
FIZJOLOGIA
GEOLOGIA

IMMUNOLOGIA
MECHANIKA
METEOROLOGIA
MINERALOGIA
CHEMIA
SOCJOLOGIA
TERMODYNAMIKA

36 - Meditação

```
O C X K W W W P D U E H P F
B C I S Z A U O Ł W M Ł E Q
U N A U K I T K S A O Y R N
D W O Y Ł L I Ó C G C M S V
Z S D B X D M J F A J U P Ł
I P P O S T A W A M E Z E G
Ć Ó R W X E Y Ł C Y D Y K H
J Ł U Z K L R R K Ś K K T R
A C C J Y N U W E L E A Y Z
D Z H B C J C K A I M R W Q
E U W N H R Ę Ł Q C Z V A W
Q C H B Q C T C J U J V J Ł
B I N A T U R A I N Z A G P
T E L L Y L T O X E X R O C
```

PRZYJĘCIE	MUZYKA
OBUDZIĆ	NATURA
UWAGA	OBSERWACJA
WSPÓŁCZUCIE	POKÓJ
EMOCJE	MYŚLI
NAUKI	PERSPEKTYWA
UMYSŁ	POSTAWA
RUCH	CISZA

37 - Gatos

```
J  F  Q  Q  F  D  N  D  C  J  F  B  X  D
S  D  Y  D  F  M  Z  A  B  A  W  N  Y  W
J  Z  U  E  U  T  C  I  E  K  A  W  Y  P
Ł  B  A  Z  T  Z  F  Ł  K  N  F  N  Z  A
Z  A  Y  L  R  V  V  B  K  I  I  I  O  Z
Y  N  P  R  O  C  E  D  T  E  G  E  N  U
Y  V  R  A  Y  N  W  N  Q  Z  L  Ś  C  R
I  J  Z  U  C  X  Y  M  N  A  A  M  I  F
J  D  Ę  I  X  P  Ł  Y  F  L  R  I  B  L
Y  B  D  O  G  O  N  S  S  E  N  A  D  H
F  A  Z  R  U  B  M  Z  Z  Ż  Y  Ł  Z  E
Ł  Q  A  A  S  T  I  N  L  N  E  Y  D  S
O  S  O  B  O  W  O  Ś  Ć  Y  M  Y  C  N
M  Y  Ś  L  I  W  Y  Z  L  Z  F  O  C  X
```

FIGLARNY
MYŚLIWY
OGON
CIEKAWY
SEN
ZABAWNY
PRZĘDZA
PAZUR

NIEZALEŻNY
SZALONY
MYSZ
ŁAPA
FUTRO
OSOBOWOŚĆ
DZIKI
NIEŚMIAŁY

38 - Artes Visuais

```
Y  X  C  P  F  R  Y  J  Q  X  H  D  R  S
R  Z  E  Ź  B  A  T  I  R  I  F  M  E  Z
X  K  R  E  A  T  Y  W  N  O  Ś  Ć  A  T
J  N  A  T  W  W  P  H  M  F  A  R  A
K  O  M  P  O  Z  Y  C  J  A  O  R  C  L
R  Ł  I  N  S  D  C  J  T  L  T  C  H  U
E  Ó  K  W  K  G  L  I  N  A  O  Y  I  G
D  W  A  L  A  K  I  E  R  R  G  D  T  A
A  E  P  O  R  T  R  E  T  S  R  Z  E  F
J  K  D  V  W  F  S  C  T  T  A  I  K  I
Z  D  Ł  U  G  O  P  I  S  W  F  E  T  L
H  A  M  Z  T  V  S  Y  C  O  I  Ł  U  M
P  E  R  S  P  E  K  T  Y  W  A  O  R  P
A  R  T  Y  S  T  A  R  E  D  G  K  A  H
```

GLINA
ARCHITEKTURA
ARTYSTA
DŁUGOPIS
SZTALUGA
WOSK
CERAMIKA
KOMPOZYCJA
KREATYWNOŚĆ
RZEŹBA

FILM
FOTOGRAFIA
KREDA
OŁÓWEK
ARCYDZIEŁO
PERSPEKTYWA
MALARSTWO
PORTRET
LAKIER

39 - Instrumentos Musicais

```
H  I  M  N  K  L  A  R  N  E  T  P  Z  H
M  A  F  A  G  O  T  M  B  Ę  B  E  N  A
M  T  R  O  N  B  Y  Y  G  D  A  R  F  R
Z  H  R  F  C  D  K  K  T  L  N  K  L  M
H  Q  N  Ą  A  I  O  B  Ó  J  J  U  E  O
D  O  H  N  B  S  M  L  P  D  O  S  T  N
P  U  Z  O  N  K  K  S  I  H  G  J  T  I
U  G  I  T  A  R  A  A  A  N  T  A  A  J
L  P  Y  H  U  Z  V  K  N  B  A  P  M  K
Z  T  H  A  H  Y  G  S  I  U  O  X  B  A
W  L  O  X  F  P  G  O  N  G  A  D  U  I
T  A  J  Y  E  C  Q  F  O  V  O  G  R  T
I  W  C  F  N  E  I  O  C  L  C  L  Y  Ł
M  A  R  I  M  B  A  N  D  U  T  U  N  M
```

MANDOLINA	TAMBURYN
BANJO	PERKUSJA
KLARNET	PIANINO
FAGOT	SAKSOFON
FLET	BĘBEN
HARMONIJKA	PUZON
GONG	TRĄBKA
HARFA	GITARA
MARIMBA	SKRZYPCE
OBÓJ	

40 - Escola #1

```
C D F M A T E M A T Y K A P
B I U R K O U E W P U L L R
K R W K W D N H J J W I F Z
R L K H B Ł S K I L K C A Y
Z B S F Ł U H Ł D J F Z B J
E L I E Q G J I G E O B E A
S T Ą B H O B I A D L Y T C
Ł S Ż K L P R K O D D L L I
O L K W I I M A R K E R Y E
D U I Q Y S O F Ł X R T P L
C C W S U Y R T H I Y K E E
E G Z A M I N Y E X U P K T
P A P I E R Z D Ł K O H U X
O Ł Ó W E K K W X T A R X F
```

ALFABET

OBIAD

PRZYJACIELE

BIBLIOTEKA

KRZESŁO

DŁUGOPISY

EGZAMINY

OŁÓWEK

KSIĄŻKI

MARKERY

MATEMATYKA

BIURKO

LICZBY

PAPIER

FOLDERY

QUIZ

41 - Adjetivos #2

```
C  D  O  X  I  A  S  G  S  Ł  M  B  J  C
Z  I  P  O  N  O  Ł  U  O  P  I  C  C  V
Y  Y  I  C  T  N  A  T  U  R  A  L  N  Y
S  Ł  S  Y  E  Z  W  A  H  O  Ą  I  U  A
T  G  O  K  R  D  N  L  H  D  P  C  Z  U
Y  R  W  N  E  Z  Y  E  S  U  C  H  Y  T
Z  U  Y  O  S  I  L  N  Y  K  Z  K  T  E
I  B  A  R  U  K  R  T  B  T  D  E  W  N
S  Y  B  M  J  I  L  O  R  Y  R  U  Ó  T
P  Ł  M  A  Ą  A  O  W  W  W  O  Ł  R  Y
I  U  O  L  C  K  K  A  G  N  W  J  C  C
D  U  M  N  Y  B  D  N  G  Y  Y  D  Z  Z
N  F  E  A  Y  N  M  Y  N  O  W  Y  Y  N
E  L  E  G  A  N  C  K  I  X  W  F  L  Y
```

AUTENTYCZNY	NORMALNA
TWÓRCZY	NOWY
OPISOWY	DUMNY
UTALENTOWANY	PRODUKTYWNY
ELEGANCKI	CZYSTY
SŁAWNY	GORĄCY
SILNY	SŁONY
GRUBY	ZDROWY
INTERESUJĄCY	SUCHY
NATURALNY	DZIKI

42 - Roupas

```
S  B  R  A  N  S  O  L  E  T  K  A  Y  Ł
S  P  I  Ż  A  M  A  B  P  D  M  O  D  A
S  K  Ó  Y  N  S  O  Z  E  Ż  Y  I  H  X
W  A  A  D  R  Ę  K  A  W  I  C  Z  K  I
E  S  N  R  N  H  Z  P  W  N  O  K  F  S
T  U  N  D  P  I  R  A  C  S  Ł  A  A  P
E  K  A  G  A  E  C  S  B  Y  B  P  R  O
R  I  S  Y  F  Ł  T  A  U  C  L  E  T  D
M  E  Z  F  B  F  Y  Y  T  N  U  L  U  N
A  N  Y  K  O  S  Z  U  L  A  Z  U  C  I
R  K  J  S  G  K  U  R  T  K  A  S  H  E
L  A  N  P  Ł  A  S  Z  C  Z  O  Z  E  S
Z  X  I  N  U  G  C  H  X  Z  Z  R  I  R
E  Q  K  C  F  N  C  J  Q  O  M  F  P  H
```

FARTUCH	RĘKAWICZKI
BLUZA	SKARPETY
SPODNIE	MODA
KOSZULA	PIŻAMA
PŁASZCZ	BRANSOLETKA
KAPELUSZ	SPÓDNICA
PAS	SANDAŁY
NASZYJNIK	BUT
KURTKA	SWETER
DŻINSY	SUKIENKA

43 - Herbalismo

```
K C S Z K W I A T O V C Z Z
P E J C P O G R Ó D W Z S Y
B R K Z I E L O N Y K O K A
B K W G H D R E L B H S O S
B A Z Y L I A R N G W N P P
L A W E N D A E Ł D S E E I
M A J E R A N E K R R K R E
J U Z S K Ł A D N I K A W T
A D G T Z R O Ś L I N A Ł R
K N O R Z A D B O Z V C O U
O S M A K P F G Y S Ł Q S S
Ś T C G X C J R Y S K V K Z
Ć V D O T Y M I A N E K I K
L R Ł N D R O I O N I M M A
```

SZAFRAN
CZOSNEK
KOLENDRA
ESTRAGON
KWIAT
KOPER WŁOSKI
SKŁADNIK
OGRÓD
LAWENDA

BAZYLIA
MAJERANEK
ROŚLINA
JAKOŚĆ
SMAK
PIETRUSZKA
TYMIANEK
ZIELONY

44 - Frutas

```
Z  M  M  O  R  E  L  A  J  B  A  N  A  N
G  U  J  Ą  G  O  D  A  A  R  F  Y  O  E
B  M  K  O  N  A  L  X  B  Z  Z  Y  G  K
T  I  B  S  J  G  R  Q  Ł  O  H  Y  U  T
W  F  F  Ł  Ł  Ł  O  S  K  S  D  D  V  A
J  I  A  W  O  K  A  D  O  K  I  W  I  R
E  G  Ś  C  O  U  W  Q  E  W  I  J  Y  Y
Ż  A  P  N  M  C  J  Z  M  I  J  Q  P  N
Y  Q  W  B  I  L  Y  J  S  N  M  P  V  A
N  Ł  X  P  S  A  L  T  A  I  A  A  B  N
A  K  O  K  O  S  I  L  R  A  L  P  V  A
W  I  N  O  G  R  O  N  O  Y  I  A  S  N
M  B  V  L  E  C  V  J  C  M  N  J  H  A
Y  P  K  O  G  R  U  S  Z  K  A  A  B  S
```

AWOKADO	KIWI
ANANAS	CYTRYNA
JEŻYNA	JABŁKO
JAGODA	PAPAJA
BANAN	MANGO
WIŚNIA	NEKTARYNA
KOKOS	GRUSZKA
MORELA	BRZOSKWINIA
FIGA	WINOGRONO
MALINA	

45 - Corpo Humano

```
D W R J F Q R F P N W V Ł S
M S K Ó R A E J A K T T R Z
M Ó C S E R C E L O M G T Y
B S Z C Z Ę K A E J H H E J
Q N O G A K O M C U S T A A
G D Ł Ł P A L R B R W S A Ł
Ł Ł O U G C A N Ł V X L V M
O N O S C N N A B E K K S D
K K H W V H O D A L Q F T H
I O O B A P O D B R Ó D E K
E S K R E W H Ł H X Z M L H
Ć T O Q N P U X S H X Y N K
H K A L A C J S I R A M I Ę
Z A O S M R Ł L M F T O I K
```

USTA
GŁOWA
MÓZG
SERCE
ŁOKIEĆ
PALEC
KOLANO
SZCZĘKA
RĘKA
NOS

OKO
RAMIĘ
UCHO
SKÓRA
NOGA
SZYJA
PODBRÓDEK
KREW
CZOŁO
KOSTKA

46 - Restaurante #1

```
T J P I K A N T N Y T E R A
A G Z R D E S E R Q W W E G
L D O X C H L E B C Y J Z U
E N R I Y J K N J E Ś Ć E U
R J U E A C A P E E R S R U
Z A P V M I S K A R F K W P
K Q X Z E S J V D S K Ł A F
P Z A Q L M E N U E U A C M
L H Ł B T O R K Y R R D J N
K U C H N I A A B W C N A Ó
M I Ę S O P P W N E Z I K Ż
Q N Ł R R J G A G T A K E T
Z A L E R G I A K K K I K U
F Q Q Z E R A A S A S O S K
```

ALERGIA	SKŁADNIKI
KAWA	MENU
KASJER	SOS
MIĘSO	CHLEB
JEŚĆ	PIKANTNY
KUCHNIA	TALERZ
NÓŻ	REZERWACJA
KURCZAK	DESER
KELNERKA	MISKA
SERWETKA	

47 - Caminhada

```
P  R  Z  Y  G  O  T  O  W  A  N  I  E  I
Z  A  G  R  O  Ż  E  N  I  A  S  Y  N  E
K  A  M  I  E  N  I  E  I  S  Ł  S  F  D
B  K  L  I  M  A  T  A  B  Ł  O  X  S  T
T  Q  P  A  R  K  I  I  U  X  Ń  Q  S  X
Z  Ł  C  O  R  I  E  N  T  A  C  J  A  M
Y  W  D  Z  I  K  I  M  Y  G  E  G  U  A
K  C  I  Ę  Ż  K  I  B  P  T  N  J  Q  P
W  L  U  E  X  T  Ł  X  T  I  E  F  P  A
O  W  I  P  R  Z  E  W  O  D  N  I  K  I
D  D  Q  F  K  Z  K  Y  U  M  E  G  R  Q
A  N  Y  Ł  R  B  Ą  W  T  A  F  Ó  A  M
G  N  O  L  W  N  A  T  U  R  A  R  D  G
X  C  Z  M  Ę  C  Z  O  N  Y  S  A  I  A
```

KEMPING
ZWIERZĄT
WODA
BUTY
ZMĘCZONY
KLIMAT
PRZEWODNIKI
MAPA
GÓRA
NATURA

ORIENTACJA
PARKI
KAMIENIE
KLIF
ZAGROŻENIA
CIĘŻKI
PRZYGOTOWANIE
DZIKI
SŁOŃCE

48 - Água

```
J  D  B  J  G  D  H  K  F  K  Y  H  K  X
Ł  P  R  W  E  H  U  R  A  G  A  N  Y  Ł
I  Z  Ł  A  J  Z  S  H  Ś  N  I  E  G  G
N  I  R  H  Z  O  I  D  E  G  A  Ł  O  P
K  B  G  U  E  Q  B  O  X  P  P  Ł  Q  C
K  W  P  A  R  O  W  Y  R  P  Ł  D  G  I
M  I  M  R  Ó  Z  U  Q  Z  O  O  E  Z  K
O  L  M  K  N  O  U  F  E  W  C  S  Y  O
N  G  Ó  C  M  H  V  A  K  Ó  E  Z  G  V
S  O  Ł  D  A  K  X  L  A  D  A  C  B  K
U  Ć  Ł  P  Ł  Ł  M  E  R  Ź  N  Z  U  H
N  A  W  A  D  N  I  A  N  I  E  M  E  Ł
P  A  R  O  W  A  N  I  E  N  P  P  J  J
P  R  Y  S  Z  N  I  C  I  I  G  B  I  T
```

KANAŁ	NAWADNIANIE
DESZCZ	JEZIORO
PRYSZNIC	MONSUN
PAROWANIE	ŚNIEG
HURAGAN	OCEAN
MRÓZ	FALE
LÓD	RZEKA
GEJZER	WILGOĆ
POWÓDŹ	PAROWY

49 - Sons

```
W  S  O  Y  X  K  C  Ł  P  J  M  Y  K  L
K  P  Y  N  Q  C  Ł  H  C  U  Ś  I  O  B
L  O  D  R  P  J  E  L  Ó  U  M  Q  N  N
A  W  F  G  E  C  Q  Y  T  R  I  T  C  A
S  T  G  Ł  W  N  K  A  S  Z  E  L  E  P
K  A  Ł  O  I  I  Y  R  F  N  C  N  R  L
A  R  O  Ś  B  B  Z  R  Z  S  H  O  T  Y
Ć  Z  S  N  R  L  V  D  E  C  H  O  K  K
A  A  Y  O  A  Z  N  O  A  D  Z  W  O  N
Y  L  U  Q  C  C  L  P  Q  Ć  S  M  G  D
S  N  W  U  J  Ę  K  Z  W  Y  C  J  R  K
Q  E  H  H  A  H  A  Ł  A  Ś  L  I  W  Y
Q  Z  Y  R  E  Z  O  N  A  N  S  O  W  Y
O  R  L  H  S  Z  E  P  T  T  E  E  G  Y
```

GŁOŚNO
GWIZDAĆ
KLASKAĆ
KONCERT
CHÓR
ECHO
JĘK
POWTARZALNE
REZONANSOWY

ŚMIECH
HAŁAŚLIWY
DZWON
SYRENY
SZEPT
KASZEL
WIBRACJA
GŁOSY

50 - Ecologia

```
O Ś B A G N O M C X U S N U
D W S P O Ł E C Z N O Ś C I
M I F I N A T U R A L N Y R
I A W L E N G H Y T L X W Ó
A T Z W O D L L S U S Z A Ż
N O Q F F R L Ł X R Y A G N
A W J C R E A I U A P S C O
I Y Z X F M O R S K I O D R
R O Ś L I N Y L I K D B D O
K L I M A T X T B P O Y G D
Z R Ó W N O W A Ż O N Y X N
J E V J M Y J F A U N A S O
P R Z E T R W A N I E E V Ś
G Ó R Y R O Ś L I N N O Ś Ć
```

KLIMAT	NATURA
SPOŁECZNOŚCI	BAGNO
RÓŻNORODNOŚĆ	ROŚLINY
FAUNA	ZASOBY
FLORA	SUSZA
ŚWIATOWY	PRZETRWANIE
SIEDLISKO	ZRÓWNOWAŻONY
MORSKI	ODMIANA
GÓRY	ROŚLINNOŚĆ
NATURALNY	

51 - Família

```
D Z I E C I Ń S T W O B Y M
L Y G Y K D S F J Y G R A A
Z X Ł O D Ż I D R B J A N C
B F P O J C O W S K I T W I
A R S S F W S N N U D A N E
B U A Y M A T K A Z Z N U R
C Y O T Ą O R L G Y I E K Z
I P J R Ż J A P K N E K L Y
A X O O S C Ó R K A C Z I Ń
N D J A N I I Z K Y I I F S
G M O J I E G O M T I D U K
J F C B M C C D T Y E U T I
D Z I E C K O E X K O E C E
H U I R M D Ł K M D A Z T W
```

PRZODEK
BABCIA
DZIECKO
DZIECI
ŻONA
CÓRKA
DZIECIŃSTWO
SIOSTRA
BRAT

MĄŻ
MACIERZYŃSKI
MATKA
WNUK
OJCIEC
OJCOWSKI
KUZYN
BRATANEK
CIOTKA

52 - Férias #2

```
V  W  Y  P  O  C  Z  Y  N  E  K  N  M  Q
T  G  Ó  R  Y  U  I  Z  L  X  K  A  O  X
A  A  C  D  T  D  H  O  T  E  L  M  R  Ł
X  E  M  S  W  Z  Z  W  R  A  L  I  Z  P
I  M  O  Z  C  O  D  W  A  Q  Ł  O  E  O
P  L  A  Ż  A  Z  J  I  N  K  G  T  S  D
W  Y  C  V  A  I  Ę  Z  S  O  A  V  M  R
T  J  O  N  S  E  C  A  P  D  A  C  B  Ó
W  M  J  Q  J  M  I  N  O  Ł  B  H  J  Ż
X  Y  A  R  H  I  A  F  R  H  X  P  Ł  E
J  U  S  P  M  E  L  O  T  N  I  S  K  O
Y  N  T  P  A  C  K  E  M  P  I  N  G  R
J  E  Ł  P  A  S  Z  P  O  R  T  X  U  Y
R  E  S  T  A  U  R  A  C  J  A  E  Q  W
```

KEMPING	GÓRY
LOTNISKO	PASZPORT
CUDZOZIEMIEC	PLAŻA
WAKACJE	RESTAURACJA
ZDJĘCIA	TAXI
HOTEL	NAMIOT
WYSPA	TRANSPORT
WYPOCZYNEK	PODRÓŻ
MAPA	WIZA
MORZE	

53 - Edifícios

```
N O B S E R W A T O R I U M
A N S Z T H O T E L S T G U
M Y D K K O M N K F Z E A Z
I T T O F A D X U U P A R E
O S P Ł Y A B O Z E I T A U
T N I A O B B I Ł Q T R Ż M
W I E Ż A U I R N A A M I D
Y C K H Y H X M Y A L L B Z
P X T J J C L J V K I N O A
A P A R T A M E N T A W H M
X L A B O R A T O R I U M E
S U P E R M A R K E T E W K
W S T A D I O N J Ł C W Q X
A M B A S A D A D Ł O Ł I K
```

APARTAMENT	SZPITAL
KABINA	HOTEL
ZAMEK	LABORATORIUM
STODOŁA	MUZEUM
KINO	OBSERWATORIUM
AMBASADA	SUPERMARKET
SZKOŁA	TEATR
STADION	NAMIOT
FABRYKA	WIEŻA
GARAŻ	

54 - Praia

```
O X D T Q A L P H W K W X N
T C S D O K A A K Y Ż R S I
H N E Q C L G R V B A A A E
S S U A W O U A Ł R G F N B
Ł V P Z N O N S L Z L A D I
O Ó T Q D R A O Ł E Ó U A E
Ń R D C Q F H L U Ż W D Ł S
C Ę G Ź M O R Z E E K A Y K
E C Z X O W Y S P A A L Ł I
A Z E F T I O F I P U D L J
J N T D Z S D Ł D U V Y P L
P I A S E K R K R L N B L J
Ł K F U K X N K Y Z Ł H T Q
Ł F I D E N Z Ł E M Ł Ł J U
```

PIASEK	LAGUNA
NIEBIESKI	MORZE
ŁÓDŹ	OCEAN
KRAB	RAFA
WYBRZEŻE	SANDAŁY
DOK	SŁOŃCE
PARASOL	RĘCZNIK
WYSPA	ŻAGLÓWKA

55 - Ferramentas de Cozinha

```
P  S  A  T  S  Z  T  U  Ć  C  E  L  J  T
I  E  Q  P  O  Ł  R  J  U  P  H  O  N  E
E  B  W  A  K  A  O  A  J  I  O  D  L  R
K  O  H  H  O  V  Y  P  M  E  A  Ó  T  M
A  D  A  M  W  O  I  N  A  C  H  W  A  O
R  Z  M  M  I  K  S  E  R  T  J  K  R  M
N  Y  D  U  R  S  Z  L  A  K  K  A  K  E
I  G  B  N  Ó  Ż  M  A  K  J  A  A  A  T
K  B  T  A  W  I  D  E  L  E  C  I  Q  R
R  A  F  Z  K  K  U  W  T  O  S  T  E  R
K  W  C  Z  A  J  N  I  K  Ł  X  U  P  M
G  C  B  V  Q  S  U  E  N  G  M  R  H  A
Ł  Y  Ż  K  A  G  X  K  F  X  H  D  Q  N
J  A  N  L  C  O  N  O  Ż  Y  C  Z  K  I
```

CZAJNIK	LODÓWKA
DURSZLAK	MIKSER
ŁYŻKA	TARKA
ŁOPATKA	SZTUĆCE
SOKOWIRÓWKA	WIEKO
NÓŻ	TERMOMETR
PIEC	NOŻYCZKI
PIEKARNIK	TOSTER
WIDELEC	

56 - Xadrez

```
T U R N I E J J E G I A N X
D X H F S F O P P R W E P A
B K R Ó L O W A P A K Ł R H
I S M I S T R Z J U O C Z U
E T C J T K H I W Z N Q G S
R R Z R D Z U T N A K K U Y
N A A I V W Z I C S U G T W
Y T R C T T M C Z A R Ł Z Y
C E N B I A Ł Y A D S T I Z
C G Y Z M W D B S Y X Q F W
F I P O Ś W I Ę C E N I E A
Q A W K R Ó L G R A C Z K N
W R X H P R Z E K Ą T N A I
P R Z E C I W N I K A U R A
```

BIAŁY
MISTRZ
KONKURS
WYZWANIA
PRZEKĄTNA
STRATEGIA
GRACZ
GRA
PRZECIWNIK

BIERNY
PUNKTY
CZARNY
KRÓLOWA
ZASADY
KRÓL
POŚWIĘCENIE
CZAS
TURNIEJ

57 - Aventura

```
N I E B E Z P I E C Z N Y P
F D F U Z A I N G W Z A W R
P Z K C A S Ę W O X H W Y Z
N I E Z W Y K Ł Y W E I Z Y
W A N A J U N I Z O Y G W G
Y Ł T S J S O O T K A A A O
C A U K Z S M X R A U C N T
I L Z A R T Z K U Z W J I O
E N J K B A O A D J G A A W
C O A U Q M D A N A T U R A
Z Ś Z J B Y W O O S G N P N
K Ć M Ą E H A Q Ś I A Z U I
A U P C C Z G Ł Ć Ć O Ł V E
N C X Y I Z A P O D R Ó Ż E
```

RADOŚĆ	NIEZWYKŁY
DZIAŁALNOŚĆ	NATURA
PIĘKNO	NAWIGACJA
ODWAGA	NOWY
SZANSA	OKAZJA
WYZWANIA	NIEBEZPIECZNY
TRUDNOŚĆ	PRZYGOTOWANIE
ENTUZJAZM	ZASKAKUJĄCY
WYCIECZKA	PODRÓŻE

58 - Floresta Tropical

```
T Y P Ł A Z Y G C P C O S R
Q B R S C G M Ł T J E W P Ó
K O Z V D H V M U Z N A O Ż
O T E C Y Ż M E C H N D Ł N
N A T U R A U U A I Y Y E O
S N R S T L N N R Q W K C R
E I W S Z Z Y R G Y P L Z O
R C A A X A A G O L T I N D
W Z N K W O C S N G A M O N
A N I I G A T U N E K A Ś O
C Y E Z Q D A F N W I T Ć Ś
J T S C H R O N I E N I E Ć
A N W I X T Y P Z K K I V G
N T U F Q Q P Z A S K Y H C
```

PŁAZY
BOTANICZNY
KLIMAT
SPOŁECZNOŚĆ
RÓŻNORODNOŚĆ
GATUNEK
OWADY
SSAKI
MECH

NATURA
CHMURY
PTAKI
KONSERWACJA
SCHRONIENIE
SZACUNEK
DŻUNGLA
PRZETRWANIE
CENNY

59 - Cidade

```
C P I E K A R N I A P Z I E
U T E A T R Y H H L B P W K
S Z K O Ł A N W O I R T M S
U O Ł S G Ł E J M U V B W I
P O U B A L K M U Z E U M Ę
E B I B L I O T E K A H Ł G
R M J L E N S T X Q H O Y A
M L R P R W D A N P C T B R
A Ł M R I J G L L I K E A N
R I D Y A W D K A O S L N I
K W I A C I A R Z T N K K A
E I S T A D I O N A Z I O Z
T E N R E S T A U R A C J A
S G M O A P T E K A E Ł U X
```

LOTNISKO
BANK
BIBLIOTEKA
KINO
SZKOŁA
STADION
APTEKA
KWIACIARZ
GALERIA
HOTEL

ZOO
KSIĘGARNIA
RYNEK
MUZEUM
PIEKARNIA
RESTAURACJA
SALON
SUPERMARKET
TEATR

60 - Matemática

```
O  O  B  J  Ę  T  O  Ś  Ć  K  N  Q  A  S
K  B  L  Y  T  O  Z  M  R  W  W  P  R  Y
Z  K  W  G  D  Y  C  C  T  A  S  R  Y  M
U  X  Q  Ó  H  O  S  S  L  D  V  O  T  E
G  G  O  J  D  R  R  Y  H  R  Q  M  M  T
F  E  S  U  T  R  Ó  W  N  A  N  I  E  R
P  R  O  S  T  O  K  Ą  T  T  Y  E  T  I
E  T  Ł  M  K  Ą  T  Y  I  Ł  O  Ń  Y  A
G  D  Z  I  E  S  I  Ę  T  N  Y  C  K  L
S  U  M  A  O  T  R  Ó  J  K  Ą  T  A  F
M  U  O  V  C  Ś  R  E  D  N  I  C  A  X
A  Z  Z  Z  X  O  W  I  E  L  O  K  Ą  T
F  R  A  K  C  J  A  H  A  C  H  H  N  H
W  Q  W  Y  K  Ł  A  D  N  I  K  J  X  I
```

ARYTMETYKA
KĄTY
OBWÓD
DZIESIĘTNY
ŚREDNICA
RÓWNANIE
WYKŁADNIK
FRAKCJA
GEOMETRIA

WIELOKĄT
KWADRAT
PROMIEŃ
PROSTOKĄT
SYMETRIA
SUMA
TRÓJKĄT
OBJĘTOŚĆ

61 - Natureza

```
A  I  S  A  R  D  I  S  T  O  T  N  E  D
C  R  E  R  O  Z  J  A  D  H  S  R  E  Y
M  H  K  M  R  I  P  W  F  A  P  Z  O  N
M  C  M  T  B  K  S  O  L  E  O  E  Q  A
G  C  V  U  Y  I  Z  O  I  R  K  K  V  M
Ł  L  A  S  R  C  C  A  Ś  P  O  A  H  I
A  V  E  R  E  Y  Z  U  C  C  J  P  Z  C
H  X  S  C  H  R  O  N  I  E  N  I  E  Z
L  R  J  I  H  Y  Ł  F  Y  E  Y  Ę  U  N
B  K  P  U  S  T  Y  N  I  A  J  K  B  Y
T  R  O  P  I  K  A  L  N  Y  U  N  Y  S
S  A  N  K  T  U  A  R  I  U  M  O  J  U
D  F  Z  Z  W  I  E  R  Z  Ą  T  A  M  T
D  E  Z  F  L  O  D  O  W  I  E  C  Ł  J
```

PSZCZOŁY	LODOWIEC
SCHRONIENIE	MGŁA
ZWIERZĄT	CHMURY
ARKTYCZNY	RZEKA
PIĘKNO	SANKTUARIUM
PUSTYNIA	DZIKI
DYNAMICZNY	SPOKOJNY
EROZJA	TROPIKALNY
LAS	ISTOTNE
LIŚCI	

62 - Preencher

```
K O S Z R O T A C A M N S R
A C U K Ł T Ł O G A Q B Y V
D N D F O L D E R U Ł W E S
N P J Z F P B F T B A A S P
V A C P U D E Ł K O A L Ł Q
G K C S U J C R U R A I O Ł
Ł I R Z N U Z U T V B Z I M
P E K U Y P K J K A U K K W
I T U F M N A H I Z T A W Y
B C O L W K I E S Z E Ń I A
D L Ł A X N G E X F L F A F
Y U V D B A S E N P K E D Ł
G B P A V O C K N A A A R E
Y W A Z O N Ł G Y N S W O U
```

BASEN
WIADRO
TACA
BECZKA
KIESZEŃ
PUDEŁKO
KOSZ
KOPERTA
BUTELKA

SZUFLADA
SŁOIK
WALIZKA
NACZYNIE
PAKIET
FOLDER
TORBA
RURA
WAZON

63 - Animais de Estimação

```
I  C  N  V  S  J  R  Ł  N  P  I  E  S  R
A  H  Ł  X  Ł  P  P  U  O  S  W  B  P  K
K  O  Ł  N  I  E  R  Z  E  E  F  O  H  R
R  M  Y  S  Z  K  Ż  P  B  Q  D  K  M  U
Ó  I  W  U  E  K  Ó  K  R  O  W  A  G  L
L  K  O  T  E  K  Ł  M  A  F  S  Z  R  O
I  O  D  G  Q  O  W  M  J  M  J  W  V  H
K  Z  A  J  O  T  W  U  S  U  W  Q  A  P
P  A  N  Q  F  N  Z  W  D  Q  N  Ł  R  D
J  A  S  Z  C  Z  U  R  K  A  L  C  U  U
R  B  P  C  W  X  R  K  P  A  Z  U  R  Y
Z  Y  M  U  S  Z  C  Z  E  N  I  A  K  K
S  J  B  A  G  T  U  B  S  G  V  P  E  A
Y  N  O  A  E  A  V  A  B  A  V  S  E  J
```

WODA	KOT
KOZA	CHOMIK
SZCZENIAK	JASZCZURKA
OGON	MYSZ
PIES	PAPUGA
KRÓLIK	RYBA
KOŁNIERZ	ŻÓŁW
PAZURY	KROWA
KOTEK	

64 - Escalada

```
M F K S B A T M O S F E R A
V W I A U I E S H D I K P Z
B M F Z T P W Y S O K O Ś Ć
H Z Z Q Y G Q Y I K H J C T
Y P Q Z W C M G Ł F T A I E
T V D Z V Ę Z V A N O S E R
P R Z E W O D N I K I K K E
Q Q S Y Ą O Z R Y Q F I A N
G I C K S P I Z Ó V F N W O
Y A Q X K B J S P W I I O K
P F E H A Z H T S V K A Ś A
R Ę K A W I C Z K I I I Ć S
M A P A T E K S P E R T R K
W Y Z W A N I A T R Z T O V
```

WYSOKOŚĆ
ATMOSFERA
BUTY
WĘDRÓWKI
KASK
JASKINIA
CIEKAWOŚĆ
WYZWANIA

EKSPERT
WĄSKA
FIZYCZNY
SIŁA
PRZEWODNIKI
RĘKAWICZKI
MAPA
TEREN

65 - Aviões

```
A L A W B J K F P U N Y I S
V Ą C O A U L I O U A N P I
J D Ł D L S D N E H D M A L
R O U Ó O E Ł O U R M C S N
J W Q R N Q D B W Z U Z A I
L A T M O S F E R A C N Ż K
I N I E B O M V D Ł H K E A
P I L O T A T W U O A M R K
Z E J Ś C I E G F G Ć L W Y
P R Z Y G O D A P A L I W O
H P O W I E T R Z E W T G Z
H I S T O R I A J M H Y I Q
W Y S O K O Ś Ć J H Ł X H Ł
N A W I G O W A Ć I Y J Q A
```

WYSOKOŚĆ	KIERUNEK
POWIETRZE	WODÓR
LĄDOWANIE	HISTORIA
ATMOSFERA	NADMUCHAĆ
PRZYGODA	SILNIK
BALON	NAWIGOWAĆ
NIEBO	PASAŻER
PALIWO	PILOT
BUDOWA	ZAŁOGA
ZEJŚCIE	

66 - Tipos de Cabelo

```
D  W  Y  B  L  O  N  D  O  Q  L  W  L  Q
M  A  S  Ł  Y  S  Y  Ł  Q  K  Y  Ł  D  P
I  R  S  Y  L  P  B  R  Ą  Z  O  W  Y  Ł
Ę  K  U  S  F  M  Ł  K  R  D  V  F  G  L
K  O  C  Z  A  R  N  Y  S  R  E  B  R  O
K  C  H  C  L  K  R  Ę  C  O  N  E  U  K
I  Z  Y  Z  I  P  N  X  F  W  D  V  B  I
H  E  Z  Ą  S  E  L  I  T  Y  Q  Q  Y  H
S  E  C  C  T  J  N  E  D  P  T  S  Q  F
Ł  G  Y  Y  Y  M  L  K  C  Ł  S  L  A  Q
K  O  L  O  R  O  W  E  I  I  U  B  Ł  O
S  Z  A  R  Y  Z  X  M  J  O  G  T  E
F  L  I  N  I  W  T  I  Y  R  B  N  I  Y
X  I  V  I  G  A  T  U  B  I  A  Ł  Y  E
```

BIAŁY	DŁUGIE
BŁYSZCZĄCY	BRĄZOWY
LOKI	FALISTY
ŁYSY	SREBRO
SZARY	CZARNY
KOLOROWE	ZDROWY
KRĘCONE	SUCHY
CIENKI	MIĘKKI
GRUBY	PLECIONY
BLOND	WARKOCZE

67 - Formas

```
Ł  I  V  K  I  T  X  J  K  Z  S  P  N  B
Y  P  S  T  O  Ż  E  K  U  F  Z  R  A  J
J  N  L  D  C  Ł  I  O  L  T  E  Y  R  Z
E  L  I  P  S  A  O  Y  A  Ś  Z  O  D
Z  L  K  P  W  H  C  Ł  Ł  Ó  C  M  Ż  I
P  I  R  A  M  I  D  A  U  J  I  A  N  V
F  N  Z  R  G  P  E  K  Q  K  A  T  I  V
D  I  Y  O  P  E  E  L  Z  Ą  N  J  K  J
O  A  W  W  H  R  F  D  O  T  X  U  F  A
U  F  A  A  D  B  V  R  S  K  G  I  Q  Y
B  O  K  L  I  O  H  H  I  J  Ą  Ł  V  C
X  Q  L  C  Y  L  I  N  D  E  R  T  H  W
P  N  P  U  Q  A  K  W  A  D  R  A  T  Ł
P  R  O  S  T  O  K  Ą  T  D  C  B  K  X
```

ŁUK	BOK
NAROŻNIK	LINIA
CYLINDER	OWAL
KOŁO	PIRAMIDA
STOŻEK	WIELOKĄT
SZEŚCIAN	PRYZMAT
KRZYWA	KWADRAT
ELIPSA	PROSTOKĄT
KULA	TRÓJKĄT
HIPERBOLA	

68 - Dias e Meses

```
P  P  L  L  Q  Z  C  M  I  E  S  I  Ą  C
O  A  U  O  U  J  Z  S  T  Y  C  Z  E  Ń
N  Ź  T  L  W  S  W  N  R  O  K  B  A  S
I  D  Y  I  H  M  A  K  T  Z  W  E  M  I
E  Z  W  S  F  G  R  U  D  Z  I  E  Ń  E
D  I  R  T  N  F  T  X  B  C  E  N  A  R
Z  E  Z  O  S  M  E  D  W  P  C  I  R  P
I  R  E  P  T  O  K  L  I  P  I  E  C  I
A  N  S  A  P  Y  B  M  T  Y  E  D  W  E
Ł  I  I  D  A  I  D  O  B  Ł  Ń  Z  T  Ń
E  K  E  Y  Y  T  Ą  Z  T  V  B  I  O  J
K  N  Ń  C  K  W  A  T  I  A  C  E  R  X
C  Z  E  R  W  I  E  C  E  E  D  L  E  U
K  A  L  E  N  D  A  R  Z  K  Ń  A  K  Q
```

KWIECIEŃ
SIERPIEŃ
ROK
KALENDARZ
GRUDZIEŃ
NIEDZIELA
LUTY
STYCZEŃ
LIPIEC
CZERWIEC

MIESIĄC
LISTOPAD
PAŹDZIERNIK
CZWARTEK
SOBOTA
PONIEDZIAŁEK
TYDZIEŃ
WRZESIEŃ
PIĄTEK
WTOREK

69 - Geografia

```
V  W  F  F  B  Y  H  P  V  E  B  T  B  X
Z  Ł  A  H  I  M  I  A  S  T  O  W  G  T
D  H  U  V  Q  P  O  Ł  U  D  N  I  K  E
Y  Ł  U  S  D  G  Ó  R  A  R  Ś  R  R  R
P  O  Ł  U  D  N  I  E  Z  Z  W  L  A  Y
R  W  C  M  A  P  A  J  Z  E  I  I  J  T
Ó  E  G  E  B  N  M  I  U  K  A  J  E  O
W  M  G  L  A  T  L  A  S  A  T  Q  Y  R
N  R  B  I  D  N  Ł  G  M  V  J  Z  J  I
I  W  Y  S  O  K  O  Ś  Ć  F  V  T  W  U
K  Y  P  Ó  Ł  N  O  C  M  K  Ł  P  I  M
Z  S  V  I  Y  K  O  N  T  Y  N  E  N  T
Z  P  Ó  Ł  K  U  L  A  F  O  M  N  X  P
Z  A  C  H  Ó  D  T  Y  H  G  N  J  D  M
```

WYSOKOŚĆ	GÓRA
ATLAS	ŚWIAT
MIASTO	PÓŁNOC
KONTYNENT	OCEAN
RÓWNIK	ZACHÓD
PÓŁKULA	KRAJ
WYSPA	REGION
MAPA	RZEKA
MORZE	POŁUDNIE
POŁUDNIK	TERYTORIUM

70 - Antártica

```
L  Ó  D  W  O  D  A  W  Q  T  S  Z  Z  S
S  O  C  H  X  I  U  Y  C  T  E  A  V  M
B  A  D  A  C  Z  F  P  Q  L  N  T  M  I
K  Z  C  O  O  C  H  R  O  N  A  O  I  G
O  O  M  S  W  R  H  A  X  J  S  C  N  R
N  V  Z  V  P  C  S  W  W  Z  X  Z  E  A
T  Z  J  A  L  B  E  A  V  Y  I  K  R  C
Y  P  Ó  Ł  W  Y  S  E  P  E  S  A  A  J
N  G  E  O  G  R  A  F  I  A  P  P  Ł  A
E  U  Y  N  A  U  K  O  W  Y  Q  J  Y  E
N  P  I  N  G  W  I  N  Y  A  E  W  H  T
T  Ś  R  O  D  O  W  I  S  K  O  W  L  V
R  H  W  W  N  Z  A  T  O  K  A  V  D  H
Z  D  O  Z  S  K  A  L  I  S  T  Y  H  Z
```

ŚRODOWISKO
WODA
ZATOKA
NAUKOWY
OCHRONA
KONTYNENT
ZATOCZKA
WYPRAWA
LODOWCE

LÓD
GEOGRAFIA
WYSPY
BADACZ
MIGRACJA
MINERAŁY
PÓŁWYSEP
PINGWINY
SKALISTY

71 - Flores

```
O L F I W R K U P W Y G O M
J K O Z P U N K Ł Q P L P A
R A J E C H B P A S Q F C G
P S Ś Q Z Y U N T W I R I N
I Ł P M L J K E E X O Ó Ż O
W O L H I B I S K U S Ż O L
O N U X L N E F V X W A N I
N E M N I S T O K R O T K A
I C E G A R D E N I A L I V
A Z R L I L I O W Y X Q L N
Z N I M H O R C H I D E A O
L I A K A L A W E N D A Z C
K K I H W K O N I C Z Y N A
U M N T U L I P A N E Ł A A
```

BUKIET
GARDENIA
SŁONECZNIK
HIBISKUS
JAŚMIN
LAWENDA
LILIOWY
LILIA
MAGNOLIA
STOKROTKA

ŻONKIL
ORCHIDEA
MAK
PIWONIA
PŁATEK
PLUMERIA
RÓŻA
KONICZYNA
TULIPAN

72 - Fazenda #1

```
Q  B  M  D  E  Q  U  T  K  W  R  O  N  A
D  M  P  A  T  C  F  M  R  A  Q  G  K  I
O  M  Y  I  N  O  S  I  O  Ł  K  R  J  U
O  U  K  T  E  Z  L  Ó  W  K  V  O  Y  F
S  T  A  D  O  S  N  D  A  P  Q  D  R  Ż
P  S  Z  C  Z  O  Ł  A  Ł  O  K  Z  O  K
Ś  W  I  N  I  A  M  Y  W  W  O  E  L  U
D  S  I  A  N  O  C  V  G  Ó  Ń  N  N  R
U  W  G  F  M  A  T  G  D  Ł  Z  I  I  C
K  O  Z  A  W  P  R  O  I  Ł  P  E  C  Z
D  V  L  F  T  W  W  O  D  A  M  L  T  A
U  Z  Y  T  B  Y  B  K  M  V  W  K  W  K
C  L  K  O  T  Q  S  F  X  Y  U  C  O  T
P  O  L  E  D  K  R  N  V  C  I  E  L  Ę
```

PSZCZOŁA	OGRODZENIE
ROLNICTWO	WRONA
RYŻ	SIANO
WODA	NAWÓZ
CIELĘ	KURCZAK
OSIOŁ	KOT
KOZA	MIÓD
POLE	ŚWINIA
KOŃ	STADO
PIES	KROWA

73 - Livros

```
S  Q  K  O  N  T  E  K  S  T  U  Z  X  D
Q  I  J  U  I  P  I  S  E  M  N  Y  U  K
D  O  J  I  I  R  V  I  S  T  O  T  N  E
K  O  L  E  K  C  J  A  B  L  E  G  B  Q
C  Z  Y  T  E  L  N  I  K  P  Ł  X  W  M
D  U  A  L  I  Z  M  E  E  S  G  M  P  P
S  H  I  S  T  O  R  Y  C  Z  N  Y  R  O
E  X  W  Y  N  A  L  A  Z  C  Z  Y  Z  W
R  J  L  I  T  E  R  A  C  K  I  P  Y  I
I  M  P  O  E  Z  J  A  A  H  A  L  G  E
A  M  A  X  Ł  R  R  Z  G  U  B  Z  O  Ś
S  T  R  O  N  A  S  K  H  A  T  M  D  Ć
S  E  P  I  C  K  I  Z  O  E  D  O  A  S
B  A  N  M  B  N  A  R  R  A  T  O  R  M
```

AUTOR	CZYTELNIK
PRZYGODA	LITERACKI
KOLEKCJA	NARRATOR
KONTEKST	STRONA
DUALIZM	WIERSZ
PISEMNY	POEZJA
EPICKI	ISTOTNE
HISTORYCZNY	POWIEŚĆ
WYNALAZCZY	SERIA

74 - Chocolate

P	R	Z	E	P	I	S	H	K	R	U	G	E	Y
I	U	B	H	V	Ł	T	F	A	L	L	J	G	E
S	K	Ł	A	D	N	I	K	K	M	U	H	Z	D
B	M	B	Z	V	L	I	E	A	J	B	J	O	J
Y	U	A	V	P	K	A	L	O	R	I	E	T	E
G	K	N	K	R	Q	F	P	O	L	O	H	Y	Ś
A	N	T	Y	O	K	S	Y	D	A	N	T	C	Ć
S	I	D	K	S	O	I	S	Z	R	Y	L	Z	Q
K	Ł	V	V	Z	K	X	Z	H	O	D	I	N	Y
K	A	O	T	E	O	D	N	H	M	E	M	Y	E
L	Q	R	D	K	S	Z	Y	J	A	K	O	Ś	Ć
Z	V	Y	M	K	O	T	K	Z	T	I	Ł	V	X
B	M	X	X	E	I	C	U	K	I	E	R	V	Ł
E	Q	X	J	U	L	E	G	O	R	Z	K	I	Q

CUKIER
GORZKI
ANTYOKSYDANT
AROMAT
KAKAO
KALORIE
KARMEL
KOKOS
JEŚĆ

PYSZNY
SŁODKIE
EGZOTYCZNY
ULUBIONY
SMAK
SKŁADNIK
PROSZEK
JAKOŚĆ
PRZEPIS

75 - Profissões #2

```
D  W  G  F  C  H  I  R  U  R  G  P  Y  I
E  J  F  I  N  A  U  C  Z  Y  C  I  E  L
N  Ę  U  L  E  K  A  R  Z  K  E  L  E  U
T  Z  E  O  G  R  O  D  N  I  K  O  Y  S
Y  Y  H  Z  R  Z  O  O  L  O  G  T  B  T
S  K  F  O  T  O  G  R  A  F  K  R  I  R
T  O  H  F  M  P  L  S  N  H  N  M  O  A
A  Z  A  S  T  R  O  N  A  U  T  A  L  T
I  N  Ż  Y  N  I  E  R  I  C  U  I  O  O
B  A  D  A  C  Z  N  M  K  K  X  Q  G  R
D  W  B  I  B  L  I  O  T  E  K  A  R  Z
R  C  D  Z  I  E  N  N  I  K  A  R  Z  F
K  A  W  Y  N  A  L  A  Z  C  A  P  X  S
H  X  P  F  M  A  L  A  R  Z  T  J  Q  L
```

ROLNIK
ASTRONAUTA
BIBLIOTEKARZ
BIOLOG
CHIRURG
DENTYSTA
INŻYNIER
FILOZOF
FOTOGRAF
ILUSTRATOR

WYNALAZCA
BADACZ
OGRODNIK
DZIENNIKARZ
JĘZYKOZNAWCA
LEKARZ
PILOT
MALARZ
NAUCZYCIEL
ZOOLOG

76 - Fazenda #2

```
P  A  S  T  E  R  Z  L  L  W  L  K  P  J
Y  V  W  Z  F  O  W  O  C  I  O  U  S  Ę
S  J  H  M  G  W  P  H  J  C  Ł  K  Z  C
A  Y  U  U  L  C  G  I  S  H  L  U  E  Z
D  K  T  K  M  E  D  Ł  Ą  K  A  R  N  M
J  A  G  N  I  Ę  K  O  M  U  M  Y  I  I
M  C  T  Ł  E  G  C  O  J  L  A  D  C  E
D  Z  S  T  O  D  O  Ł  A  R  R  Z  A  Ń
M  K  Z  W  I  E  R  Z  Ą  T  Z  A  C  J
N  A  W  A  D  N  I  A  N  I  E  A  Q  P
U  E  I  F  R  O  L  N  I  K  J  Q  Ł  R
O  G  H  Z  U  I  C  I  Ą  G  N  I  K  Y
W  A  R  Z  Y  W  O  I  M  Z  Y  N  Y  Z
B  W  Y  P  V  Q  S  F  V  U  Ł  J  S  W
```

ROLNIK	DOJRZAŁY
ZWIERZĄT	KUKURYDZA
STODOŁA	OWCE
JĘCZMIEŃ	PASTERZ
UL	KACZKA
JAGNIĘ	SAD
OWOC	ŁĄKA
NAWADNIANIE	CIĄGNIK
MLEKO	PSZENICA
LAMA	WARZYWO

77 - Jardim

```
T N M J L Q L G G Q Y M S G
R A Y R J R F A L V Ł O Z Ł
A U R N D A M R E T Ł P S Ł
W R G A O L X A B J Ł X G G
A E R A S L J Ż A T A W G I
F S A G A N E K W K W I A T
Ł T B F Q A Y W Ą U K G Ł R
J A I I R T U O Ż K A H S A
Ł W E M X P E Q Y J R C A W
O O G R O D Z E N I E Z D N
G Y P D R Z E W O X Q V A I
R Q W A M W O U H A M A K K
Ó D S Y T R A M P O L I N A
D Z F T P A W I N O R O Ś L
```

GRABIE
KRZAK
DRZEWO
ŁAWKA
OGRODZENIE
KWIAT
GARAŻ
TRAWA
TRAWNIK
OGRÓD

STAW
HAMAK
WĄŻ
ŁOPATA
SAD
GLEBA
TARAS
TRAMPOLINA
GANEK
WINOROŚL

78 - Oceano

```
W Ł L V K P Q S J T R W S O
S Ę Y D I Ł D X K U N A Q Z
P E G B V Y D M U Ń I P F S
Ł M Ą O K W O O S C Y F A A
P R B R R Y R X K Z I O L X
G Y K K E Z S E I Y S P E R
Ż B A S W K R A B K Ł Ó D Ź
Ó A M M E D U Z A O R H L R
Ł C V O T R H D H R L D I E
W L M B K C K E I A J B E K
I A N P A Z R L Z L L B E I
O S T R Y G A F B U R Z A N
A W F J U U W I E L O R Y B
L O Ś M I O R N I C A J A V
```

TUŃCZYK	MEDUZA
WIELORYB	FALE
ŁÓDŹ	OSTRYGA
KREWETKA	RYBA
KRAB	OŚMIORNICA
KORAL	RAFA
WĘGORZ	SÓL
GĄBKA	ŻÓŁW
DELFIN	BURZA
PŁYWY	REKIN

79 - Profissões #1

```
K  A  H  Y  C  P  A  M  Y  Ś  L  I  W  Y
R  A  O  W  B  I  T  R  W  N  P  I  R  N
A  S  R  S  C  E  A  N  T  Z  K  T  H  A
W  T  M  T  W  L  N  Z  P  Y  B  V  R  U
I  R  U  R  O  Ę  C  U  J  G  S  S  E  K
E  O  Z  A  V  G  E  O  L  O  G  T  D  O
C  N  Y  Ż  Z  N  R  B  J  I  Z  V  A  W
O  O  K  A  U  I  Z  A  A  F  B  H  K  I
N  M  H  K  G  A  M  O  F  N  C  C  T  E
P  V  H  Y  D  R  A  U  L  I  K  N  O  C
O  D  J  H  I  K  I  W  M  H  Q  I  R  W
F  Z  B  S  E  A  D  W  O  K  A  T  E  K
M  A  R  Y  N  A  R  Z  Z  R  L  G  N  R
S  F  A  M  B  A  S  A  D  O  R  R  J  S
```

ADWOKAT
KRAWIEC
ARTYSTA
ASTRONOM
BANKIER
STRAŻAK
MYŚLIWY
KARTOGRAF
NAUKOWIEC

TANCERZ
REDAKTOR
AMBASADOR
HYDRAULIK
PIELĘGNIARKA
GEOLOG
MARYNARZ
MUZYK

80 - Campeonato

```
M M M G R Y V Ł R D F X N S
V I I E Ł R H J Q M I W Z T
H X S S D A N L N S N Y U R
B Z D T T A O K P Ę A T O A
C W B U R R L Z A D L R X T
Y Y I R E Z Z K P Z I Z F E
C C J N N E Z O N I S Y V G
K I F I E S K M S A T M H I
Y Ę G E R P E Z A T A A M A
D S I J O Ó L I G A W Ł Ł O
B T C X C Ł G C W X N O K U
M W Y D A J N O Ś Ć I Ś T E
A O V H M S P O R T Y Ć Ł X
M O T Y W A C J A Q W T D E
```

MISTRZ	SĘDZIA
MISTRZOSTWO	LIGA
WYDAJNOŚĆ	MEDAL
ZESPÓŁ	MOTYWACJA
SPORTY	WYTRZYMAŁOŚĆ
STRATEGIA	TURNIEJ
FINALISTA	TRENER
GRY	ZWYCIĘSTWO

81 - Castelos

```
F  B  R  P  Q  N  Z  K  S  I  Ą  Ż  Ę  K
S  E  R  Ł  K  A  B  O  I  M  E  B  K  O
Z  O  U  C  C  J  R  R  N  S  O  H  A  Ń
L  C  D  D  K  B  O  O  Y  O  R  K  I  K
A  F  Y  I  A  A  J  N  H  W  H  Ś  E  R
C  R  N  M  T  L  A  A  M  I  E  C  Z  Ó
H  Y  A  P  A  G  N  U  Ł  E  F  I  G  L
E  C  S  E  P  F  C  Y  P  Ż  K  A  L  E
T  E  T  R  U  B  H  G  B  A  Ł  N  W  S
N  R  I  I  L  Q  C  D  W  G  Ł  A  D  T
Y  Z  A  U  T  W  I  E  R  D  Z  A  Ł  W
A  N  H  M  A  U  T  A  R  C  Z  A  C  O
K  S  I  Ę  Ż  N  I  C  Z  K  A  T  Y  G
J  E  D  N  O  R  O  Ż  E  C  K  L  K  K
```

ZBROJA	TWIERDZA
KATAPULTA	IMPERIUM
RYCERZ	SZLACHETNY
KOŃ	PAŁAC
KORONA	ŚCIANA
DYNASTIA	KSIĘŻNICZKA
SMOK	KSIĄŻĘ
TARCZA	KRÓLESTWO
MIECZ	WIEŻA
FEUDALNY	JEDNOROŻEC

82 - Escola # 2

```
L E Y K N K Z O C V N B P C
I D G R A M A T Y K A I L Z
T U R S U A J V N A U B E Y
E K Y Ł C T Ę T O L K L C T
R A B O Z E C W Ż E A I A A
A C Ł W Y M I K Y N W O K N
T J V N C A A O C D B T U I
U A B I I T C M Z A L E R E
R C O K E Y O P K R Q K I C
A J W Ł L K J U I Z C A X J
V N Y J Ó A I T D O S T A W
R B C B M W L E S Q F U O W
P A P I E R E R Q Ł S N W H
K S I Ą Ż K I K M P U L H M
```

ZAJĘCIA	CZYTANIE
BIBLIOTEKA	LITERATURA
KALENDARZ	KSIĄŻKI
NAUKA	MATEMATYKA
KOMPUTER	PLECAK
SŁOWNIK	PAPIER
EDUKACJA	NAUCZYCIEL
GRAMATYKA	DOSTAW
GRY	NOŻYCZKI
OŁÓWEK	

83 - Abelhas

```
K  W  I  T  N  Ą  Ć  V  S  U  E  Q  S  R
X  J  Z  T  N  P  Ł  P  K  F  O  M  Q  O
I  Z  O  O  W  A  D  G  R  F  X  I  A  Ś
J  E  W  O  G  J  W  I  Z  Ó  Z  Ó  K  L
Y  Z  O  H  S  R  Y  O  Y  E  J  D  R  I
K  E  C  M  I  C  Ó  T  D  A  Ł  U  Ó  N
A  K  J  U  E  B  S  D  Ł  B  T  P  L  Y
W  O  S  K  D  S  G  Ł  A  J  Ł  Q  O  J
Q  S  Ł  D  L  T  B  K  D  Y  M  H  W  V
X  Y  O  L  I  T  C  P  Y  Ł  E  K  A  Ł
G  S  Ń  V  S  K  W  I  A  T  Y  R  S  P
E  T  C  Y  K  O  R  Z  Y  S  T  N  Y  H
N  E  E  I  O  T  Y  A  Z  W  C  L  J  X
C  M  R  Ó  Ż  N  O  R  O  D  N  O  Ś  Ć
```

SKRZYDŁA
KORZYSTNY
WOSK
UL
RÓŻNORODNOŚĆ
EKOSYSTEM
RÓJ
KWITNĄĆ
KWIATY
OWOC

DYM
SIEDLISKO
OWAD
OGRÓD
MIÓD
ROŚLINY
PYŁEK
KRÓLOWA
SŁOŃCE

84 - Banheiro

```
J  Ł  D  Ł  D  W  Y  R  A  X  N  S  W  C
C  S  P  R  Y  S  Z  N  I  C  Y  Z  E  L
W  O  D  A  M  K  Ą  P  I  E  L  A  D  Z
B  T  Y  B  R  Y  P  E  R  F  U  M  Y  L
D  O  W  M  Ą  O  D  S  S  Z  N  P  X  U
U  A  A  N  A  B  W  Ł  M  C  O  O  P  S
A  L  N  L  T  B  E  Y  O  B  Ż  N  I  T
U  E  L  X  R  Y  N  L  F  D  Y  Y  O  R
Z  T  V  F  A  G  Ą  B  K  A  C  T  K  O
B  A  L  S  A  M  F  U  R  I  Z  G  T  V
R  Ę  C  Z  N  I  K  Y  A  Q  K  K  D  S
U  L  M  K  X  X  W  I  N  N  I  F  H  C
B  E  U  Z  N  C  L  A  R  E  F  F  M  F
O  A  A  I  K  W  C  A  C  T  T  M  K  I
```

WODA	PERFUMY
TOALETA	MYDŁO
KĄPIEL	DYWAN
BĄBELKI	NOŻYCZKI
PRYSZNIC	RĘCZNIK
LUSTRO	KRAN
GĄBKA	PAROWY
BALSAM	SZAMPON

85 - Ciência

```
L I W C M F O R G A N I Z M
D A N E I I P U F B R R S B
C X B Y A Z N O X J I O K N
K Z N O P Y O E K U O Ś A H
Z M Ą L R K Q V R F T L M O
Ł L C S D A T O M A R I I B
C M H O T U T X O S Ł N E S
N E I A L K K O H K M Y N E
W M P Ł H E I B R L F T I R
B G O N A T U R A I C T A W
M E T O D A U A I M U X Ł A
Z G E W O L U C J A J M O C
S U Z X V F A K T T Y E Ś J
Z N A U K O W I E C L Z Ć A
```

ATOM
NAUKOWIEC
KLIMAT
DANE
EWOLUCJA
FAKT
FIZYKA
SKAMIENIAŁOŚĆ
HIPOTEZA

LABORATORIUM
METODA
MINERAŁY
NATURA
OBSERWACJA
ORGANIZM
CZĄSTKI
ROŚLINY

86 - Cores

```
F I O L E T O W Y W W K T Q
N Z F G H L Y N B I A Ł Y T
I I Z P Ł S Q E D E Q M W E
E E A Q S T Z W F Z Ż E M F
B L M N J C Z A R N Y O P T
I O S E P I A O R Ó Ż O W Y
E N F U K S J A Ż Y R M C Y
S Y P T Z D K D Ó K X A Z T
K Ł L R N X H H Ł K R G E P
I D K Ł W U J C T O P E R L
F S U O Z G C U Y T K N W H
B R Ą Z O W Y J O J W T O Z
Y J F Ł Q T P S J L A A N O
N N V O Ł Z T I A Z P N Y Q
```

ŻÓŁTY
NIEBIESKI
BEŻOWY
BIAŁY
CYJAN
SZARY
FUKSJA
MAGENTA

BRĄZOWY
CZARNY
RÓŻOWY
FIOLETOWY
SEPIA
ZIELONY
CZERWONY

87 - Comida #1

```
F  C  A  P  C  V  P  C  Ł  Y  M  Q  M  T
M  Y  A  R  Z  U  Z  I  U  L  T  H  L  R
A  T  I  J  N  A  Ł  S  O  K  L  Z  E  U
R  R  M  Ę  L  B  A  Z  Y  L  I  A  K  S
C  Y  O  C  T  F  A  P  C  A  J  E  O  K
H  N  R  Z  E  P  A  I  C  E  P  U  R  A
E  A  E  M  U  Y  J  N  I  O  B  G  D  W
W  C  L  I  D  P  Ł  A  A  P  I  U  A  K
K  Z  A  E  M  D  A  K  S  Ó  L  X  L  A
A  O  F  Ń  U  X  E  B  T  V  E  S  G  A
B  S  V  C  Y  N  A  M  O  N  N  G  H  H
K  N  R  O  D  Y  S  A  Ł  A  T  K  A  U
M  E  A  R  A  C  H  I  D  Q  U  W  Ł  S
W  K  Y  A  D  T  U  Ń  C  Z  Y  K  U  Ł
```

CUKIER	SZPINAK
CZOSNEK	MLEKO
ARACHID	CYTRYNA
TUŃCZYK	BAZYLIA
CIASTO	TRUSKAWKA
CYNAMON	RZEPA
CEBULA	SÓL
MARCHEWKA	SAŁATKA
JĘCZMIEŃ	ZUPA
MORELA	SOK

88 - Pássaros

```
L  B  Ł  J  C  K  M  Ł  P  P  X  P  J  I
E  O  Q  U  P  Z  A  F  A  E  Ł  C  I  S
K  C  M  E  W  A  A  C  W  L  B  K  Ł  T
P  I  N  G  W  I  N  P  Z  I  R  C  L  R
G  A  E  O  Q  E  F  F  L  K  J  D  K  U
O  N  W  R  O  N  A  N  J  A  A  G  Ę  Ś
Ł  D  S  Z  P  U  Y  E  A  N  J  P  Q  K
Ą  E  E  E  N  A  B  X  Q  K  W  U  U
B  S  W  Ł  Y  Ł  P  U  N  W  O  R  Ł  R
K  U  K  U  Ł  K  A  U  W  W  Z  Ó  A  C
N  F  L  A  M  I  N  G  G  S  T  B  B  Z
T  U  K  A  N  Z  Z  D  Y  A  J  E  Ę  A
M  N  M  H  B  Ł  K  M  F  L  O  L  D  K
V  W  V  P  Z  N  E  W  I  I  H  X  Ź  A
```

STRUŚ	CZAPLA
ORZEŁ	JAJKO
BOCIAN	PAPUGA
ŁABĘDŹ	WRÓBEL
WRONA	KACZKA
KUKUŁKA	PAW
FLAMING	PELIKAN
KURCZAK	PINGWIN
MEWA	GOŁĄB
GĘŚ	TUKAN

89 - Virtudes #1

```
C  Y  P  N  Ł  Z  F  W  D  P  F  L  R  H
I  M  R  D  I  Y  J  Y  Y  K  P  B  H  O
E  H  A  E  H  F  T  M  Ą  D  R  Y  V  J
K  W  K  C  U  K  Z  C  B  Ł  A  H  M  N
A  R  T  Y  S  T  Y  C  Z  N  Y  J  U  Y
W  C  Y  D  X  V  Z  T  P  P  E  W  N  I
Y  Z  C  U  T  S  A  S  O  A  M  Ł  N  Y
L  Y  Z  J  E  V  B  K  M  C  U  K  H  A
I  S  N  Ą  J  B  A  R  O  J  D  J  Q  J
T  T  Y  C  Ł  P  W  O  C  E  I  B  E  K
G  Y  E  Y  S  Y  N  M  N  N  Q  X  B  Y
U  R  O  C  Z  Y  Y  N  Y  T  F  Ł  P  W
S  T  D  O  B  R  Y  Y  N  D  J  P  C  X
M  F  P  H  C  F  N  A  M  I  Ę  T  N  Y
```

NAMIĘTNY	ZABAWNY
ARTYSTYCZNY	HOJNY
DOBRY	CZYSTY
PEWNI	SKROMNY
CIEKAWY	PACJENT
DECYDUJĄCY	PRAKTYCZNY
WYDAJNY	MĄDRY
UROCZY	POMOCNY

90 - Literatura

```
O  Ł  N  I  T  Ł  P  Y  X  T  O  A  B  F
P  P  J  O  N  S  O  P  I  S  U  N  I  I
O  O  I  Y  M  X  R  N  F  L  S  E  O  K
W  Ł  Y  N  S  Q  Ó  M  Q  A  H  G  G  C
I  I  Q  K  I  I  W  K  W  Y  A  D  R  J
E  A  E  M  B  A  N  V  N  P  N  O  A  A
Ś  C  G  R  A  N  A  L  I  Z  A  T  F  D
Ć  T  J  W  S  V  N  R  O  W  L  A  I  I
T  E  M  A  T  Z  I  Y  S  U  O  A  A  A
M  S  P  S  D  Q  E  T  E  D  G  T  Z  L
R  A  U  T  O  R  P  M  K  D  I  O  O  O
D  Y  G  Y  C  X  X  A  O  I  A  A  K  G
W  X  M  L  F  E  N  A  R  R  A  T  O  R
U  V  K  D  T  M  E  T  A  F  O  R  A  N
```

ANALOGIA	FIKCJA
ANALIZA	METAFORA
ANEGDOTA	NARRATOR
AUTOR	OPINIA
BIOGRAFIA	WIERSZ
PORÓWNANIE	RYM
WNIOSEK	RYTM
OPIS	POWIEŚĆ
DIALOG	TEMAT
STYL	

91 - Clima

```
G A S G B R Y Z A J B Q F T
R H T R R F T O R N A D O Ę
V T R O B Z E M O N S U N C
P U L R U Y M K L I M A T Z
W I B H R K P O S U C H Y A
F N O U Z P E T T V U W A X
K I V R A R R C H M U R A U
L E M A U U A P O L A R N Y
Ó B C G E N T F L T S I I V
D O E A Ł S U S Z A T O X W
W W U N A A R R U F B G A Q
Z Q W Y W I A T R L F G J U
H T R O P I K A L N Y P M E
Z I W A T M O S F E R A N F
```

TĘCZA   POLARNY
ATMOSFERA   PIORUN
BRYZA   SUSZA
NIEBO   SUCHY
KLIMAT   TEMPERATURA
HURAGAN   BURZA
LÓD   TORNADO
MONSUN   TROPIKALNY
MGŁA   GRZMOT
CHMURA   WIATR

92 - Tecnologia

```
F  B  A  J  T  Y  Ł  Q  M  W  B  D  K  I
Z  V  V  N  Y  W  I  B  F  I  K  A  O  N
C  Y  F  R  O  W  Y  L  Z  R  R  Q  M  T
Ł  V  S  C  W  V  R  O  N  T  G  W  P  E
Z  M  Z  T  I  P  F  G  W  U  Ł  P  U  R
X  O  I  B  A  D  A  N  I  A  C  P  T  N
D  H  Q  M  D  T  K  D  P  L  I  K  E  E
D  A  N  E  O  F  Y  U  W  N  Q  K  R  T
N  E  H  G  M  B  K  S  R  Y  D  A  E  W
C  Z  C  I  O  N  K  A  T  S  E  M  K  I
Ł  M  A  N  Ś  M  D  S  Q  Y  O  E  R  R
F  F  D  X  Ć  M  E  J  V  D  K  R  A  U
G  A  Ł  S  T  R  P  F  B  H  Z  A  N  S
P  R  Z  E  G  L  Ą  D  A  R  K  A  O  X
```

PLIK
BLOG
BAJTY
KAMERA
KOMPUTER
KURSOR
DANE
CYFROWY
STATYSTYKA

CZCIONKA
INTERNET
WIADOMOŚĆ
PRZEGLĄDARKA
BADANIA
EKRAN
WIRTUALNY
WIRUS

93 - Arte

```
Ł O K O M P L E K S O E U O
A J S P Y F Z C T T B N C R
D C T O P D A B X W R T Z Y
N V Y E B A I Z O Ó A Y C G
S P T Z U I N A A R Z I I I
U J G J K F S D Ł Z Y U W N
R Q F A C C P T E M A T Y A
R Z E Ź B A I B Y M B O D Ł
E P T G C E R A M I C Z N Y
A R R A F R O N A S T R Ó J
L O M Y M I W S Y M B O L I
I S P G I Z A E C A A Z K S
Z T D R Ł B N P C Ł M Y R P
M Y P V K W Y R A Ż E N I E
```

CERAMICZNY	ORYGINAŁ
KOMPLEKS	OSOBISTY
STWÓRZ	OBRAZY
RZEŹBA	POEZJA
WYRAŻENIE	PROSTY
UCZCIWY	SYMBOL
NASTRÓJ	TEMAT
ZAINSPIROWANY	SURREALIZM

94 - Dinossauros

```
Z  Ł  O  Ś  L  I  W  Y  C  E  C  W  W  O
G  I  R  A  P  T  O  R  K  W  K  C  S  K
O  K  E  G  V  M  G  Ł  D  O  V  N  Z  F
V  W  K  M  N  Q  O  F  P  L  E  O  Y  Ł
V  I  Y  J  I  E  N  R  D  U  Ż  Y  S  X
M  H  P  R  L  A  K  B  Ł  C  S  R  T  K
I  A  P  O  T  Ę  Ż  N  Y  J  K  Ł  K  O
S  X  M  P  R  O  Z  M  I  A  R  V  O  G
I  G  X  U  Z  Ł  A  O  B  G  Z  D  Ż  R
X  Z  K  K  T  Ł  N  T  S  W  Y  F  E  O
L  L  S  Y  W  W  I  Q  Ł  B  D  G  R  M
T  B  O  H  E  U  K  D  V  L  Ł  A  N  N
G  A  T  U  N  E  K  X  K  M  A  D  Y  Y
M  I  Ę  S  O  Ż  E  R  C  A  Y  I  X  R
```

SKRZYDŁA
MIĘSOŻERCA
OGON
ZANIK
OGROMNY
GATUNEK
EWOLUCJA
DUŻY

MAMUT
WSZYSTKOŻERNY
POTĘŻNY
RAPTOR
GAD
ROZMIAR
ZIEMIA
ZŁOŚLIWY

95 - Esportes

```
K P J H U S Y Ł Q A Ł N R Z
W O L K Q S Y M Z C W G U E
M I S T R Z O S T W O R C S
G R I Z W Y C I Ę Z C A H P
R H O O Y G O L F I L C U Ó
A A B W T K J I F N H Z U Ł
Q A M F E C Ó Y L K M Y Z H
P K P U N R A W S Ę D Z I A
S T A D I O N E K K Q E Z C
W E X D S G I M N A Z J U M
G I M N A S T Y K A L N I M
H O K E J M M R A T L E T A
B A S E B A L L T R E N E R
V G O S S H G H P S Z P K F
```

ATLETA
SĘDZIA
KOSZYKÓWKA
BASEBALL
ROWER
MISTRZOSTWO
ZESPÓŁ
STADION
ZWYCIĘZCA

GIMNAZJUM
GIMNASTYKA
GOLF
HOKEJ
GRACZ
GRA
RUCH
TENIS
TRENER

96 - Comida # 2

```
B A N A N P P X E V N S B S
S I Ł W P Q O X P W W Z A F
X Z U Ł S E S M W G R Y K U
O M F L Z E C I I H A N Ł F
S W F O E B R G Ś D J K A X
J O A Y N U Y D N S O A Ż C
J G V P I W B A I H X R A Z
R A G C C T A Ł A F C F N E
Y L J K A R C Z O C H V Ł K
Ż U O K I W I Q J A B Ł K O
Y J G H O A K U R C Z A K L
J V U W I N O G R O N O F A
R B R O K U Ł Y N Ł F K I D
P U T U Ł H G R Z Y B P M A
```

KARCZOCH   JOGURT
MIGDAŁ   KIWI
RYŻ   JABŁKO
BANAN   JAJKO
BAKŁAŻAN   RYBA
BROKUŁY   SZYNKA
WIŚNIA   SER
CZEKOLADA   POMIDOR
GRZYB   PSZENICA
KURCZAK   WINOGRONO

97 - Barcos

```
Ł  D  M  V  M  N  Z  D  J  P  W  P  P  Y
V  V  K  F  A  L  A  S  U  U  D  Y  Y  F
M  K  T  A  R  K  O  T  W  I  C  A  Y  A
J  A  J  B  Y  D  O  K  Q  O  V  X  O  L
M  J  S  O  N  A  U  T  Y  C  Z  N  Y  E
O  A  I  J  A  T  P  G  J  E  G  J  Ł  L
R  K  L  A  R  U  R  M  B  A  Y  A  V  A
Z  C  N  B  Z  A  O  A  A  N  C  C  Z  Y
E  Z  I  E  Y  P  M  L  T  S  C  H  A  G
A  C  K  W  H  J  R  Ł  Ł  W  Z  T  Ł  X
R  Z  E  K  A  P  L  Y  Ł  X  A  T  O  F
C  H  A  F  J  E  Z  I  O  R  O  Z  G  Z
Z  S  Ł  Y  G  T  D  H  N  C  N  S  A  B
U  D  Ż  A  G  L  Ó  W  K  A  U  V  R  M
```

KOTWICA	FALA
PROM	MARYNARZ
BOJA	MASZT
KAJAK	SILNIK
LINA	NAUTYCZNY
DOK	OCEAN
JACHT	FALE
TRATWA	RZEKA
JEZIORO	ZAŁOGA
MORZE	ŻAGLÓWKA

98 - Piratas

```
N A F V Z Q W Y S P A B V M
Z A X G A A F G K J B Q I O
S Q L T Ł C U X A O I B I N
M A P A O K J L R C M O A E
P N F Ł G S L Ł B E C P H T
R K T L A R E J L A Q O A Y
Z A P A P U G A I N Z I C S
Y P N X P M E S Z Ł O T O O
G I R J N X N K N P F W T Z
O T M Z F D D I A J L U N B
D A Ł I D S A N W Y A A Ł U
A N S U E O D I Y N G B Ż F
K O T W I C A A T C A Ł Q A
T Y M J K Ł Z Ł Y R R I Y H
```

PRZYGODA	MAPA
KOTWICA	ZŁY
FLAGA	MONETY
KOMPAS	OCEAN
KAPITAN	ZŁOTO
JASKINIA	PAPUGA
BLIZNA	PLAŻA
MIECZ	RUM
WYSPA	SKARB
LEGENDA	ZAŁOGA

99 - Mamíferos

```
O  B  L  I  S  R  F  A  U  P  J  K  V  Ż
R  W  I  E  L  B  Ł  Ą  D  S  Ł  O  Ń  Y
B  I  C  Q  W  Y  G  X  E  X  P  J  M  R
T  L  U  E  F  K  B  A  L  Y  P  O  K  A
K  K  M  Q  W  A  U  Y  F  V  T  T  R  F
R  R  U  B  I  N  N  S  I  E  S  S  J  A
Ó  C  Y  Ó  E  G  O  M  N  M  A  Ł  P  A
L  K  D  B  L  U  K  Ł  Y  D  B  E  L  O
I  O  O  R  O  R  A  R  V  D  I  R  G  U
K  T  F  Ń  R  W  Ł  D  X  L  M  B  O  Y
M  Z  H  D  Y  J  E  D  J  O  P  V  R  L
L  U  Z  E  B  R  A  V  T  M  O  P  Y  L
P  I  E  S  O  R  N  Z  F  D  F  C  L  N
G  F  X  G  V  W  W  R  Ł  M  H  C  A  B
```

WIELORYB	ŻYRAFA
WIELBŁĄD	DELFIN
KANGUR	GORYL
BÓBR	LEW
KOŃ	WILK
PIES	MAŁPA
KRÓLIK	OWCE
KOJOT	LIS
SŁOŃ	BYK
KOT	ZEBRA

100 - Atividades e Lazer

Z	T	Ł	D	E	Z	C	B	I	U	W	W	A	O
S	H	J	E	Z	J	D	A	O	F	C	Y	C	G
I	P	O	D	R	Ó	Ż	S	H	K	R	Ś	V	R
G	H	Q	B	E	M	T	E	N	I	S	C	J	O
M	O	K	D	B	J	N	B	E	U	C	I	A	D
A	Y	L	P	Ł	Y	W	A	N	I	E	G	E	N
L	A	H	F	K	B	U	L	L	K	L	I	S	I
A	J	Ł	Q	M	H	L	L	Q	J	K	O	Z	C
R	N	U	R	K	O	W	A	N	I	E	I	T	T
S	U	R	F	I	N	G	L	N	G	M	B	U	W
T	S	I	A	T	K	Ó	W	K	A	P	I	K	O
W	Ę	D	R	Ó	W	K	I	L	P	I	T	A	N
O	K	P	I	Ł	K	A	N	O	Ż	N	A	C	S
W	Ę	D	K	A	R	S	T	W	O	G	S	B	K

KEMPING   OGRODNICTWO
SZTUKA   NURKOWANIE
BASEBALL   PŁYWANIE
BOKS   WĘDKARSTWO
WĘDRÓWKI   MALARSTWO
WYŚCIGI   SURFING
PIŁKA NOŻNA   TENIS
GOLF   PODRÓŻ
HOBBY   SIATKÓWKA

1 - Dirigindo

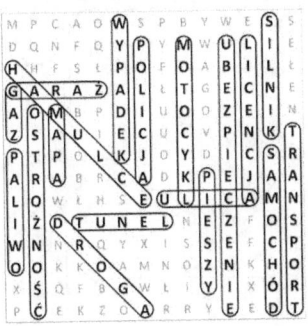

2 - Atividades

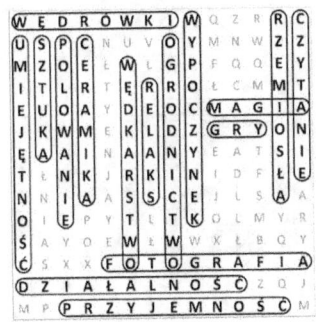

3 - Churrascos

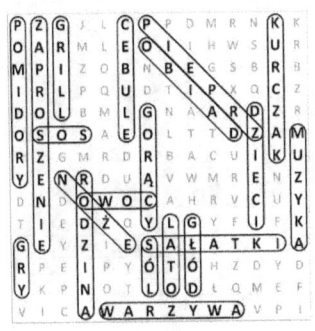

4 - Pesca

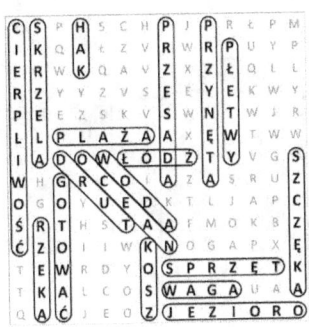

5 - Geologia

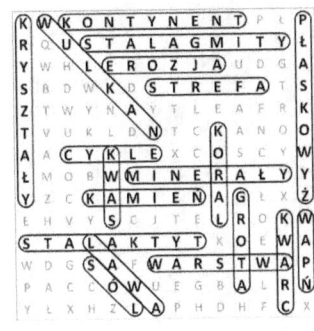

6 - Móveis

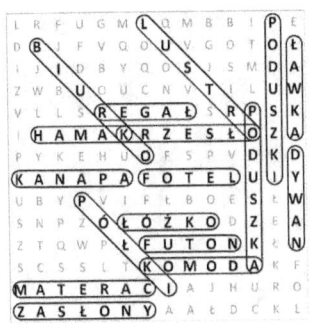

7 - Tempo

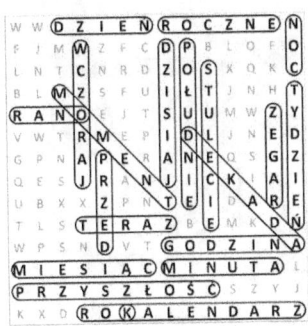

8 - Astronomia

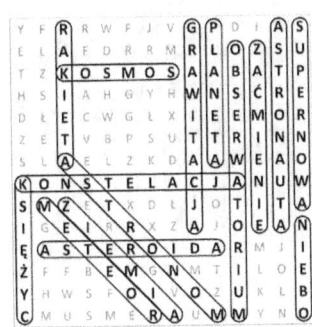

9 - Circo

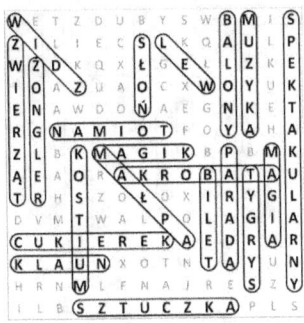

10 - Acampamento

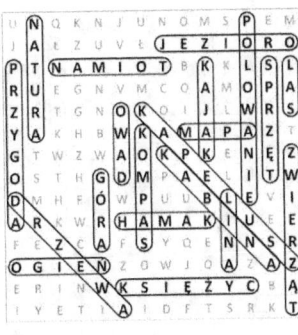

11 - Emoções

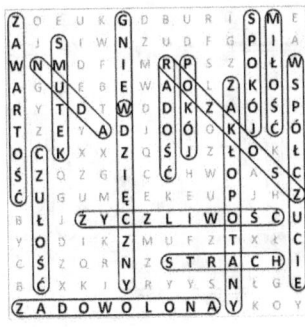

12 - Ficção Científica

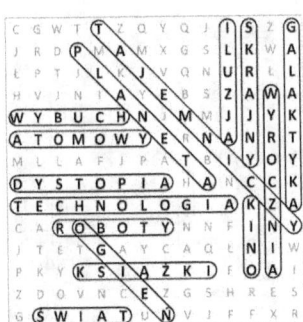

13 - Mitologia

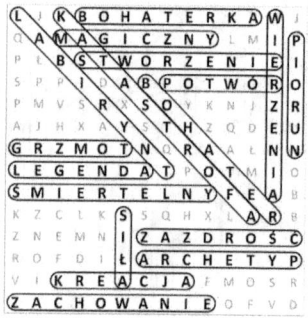

14 - Medições

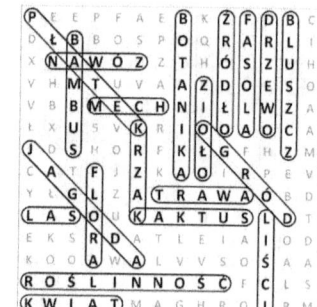

15 - Plantas

16 - Veículos

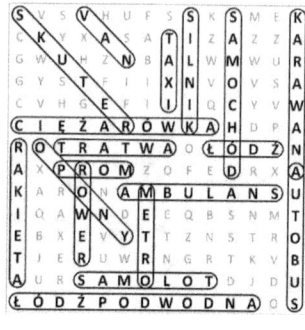

17 - Restaurante # 2

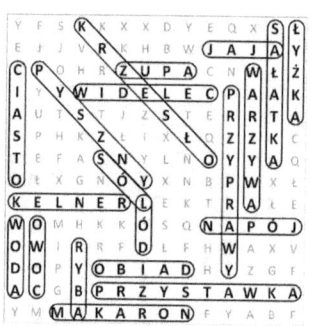

18 - Países #2

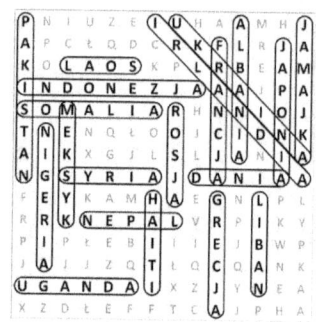

19 - Cozinha

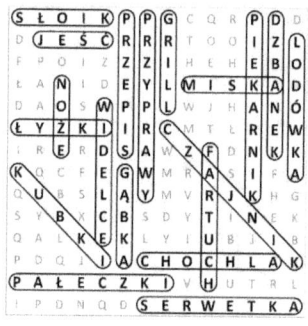

20 - Brinquedos

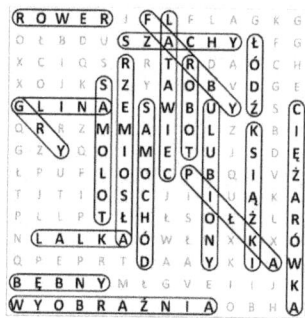

21 - Verão

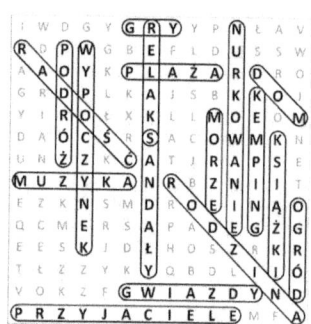

22 - Material de Arte

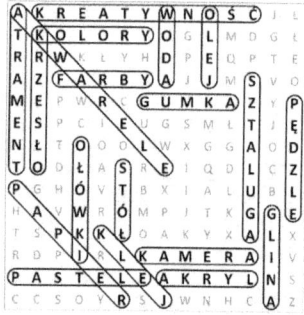

23 - Números

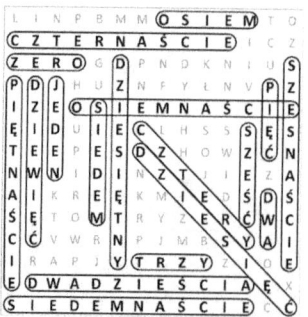

24 - Especiarias

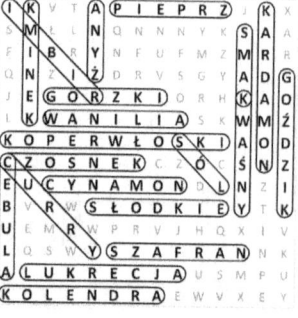

25 - Aniversário

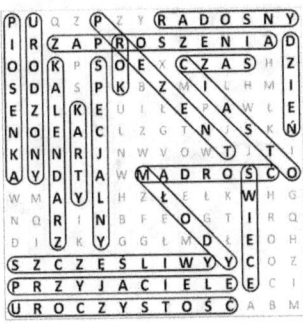

26 - Casa

27 - Vegetais

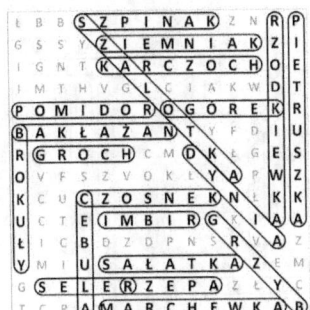

28 - Balé

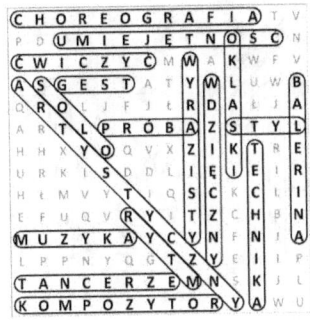

29 - Conservação

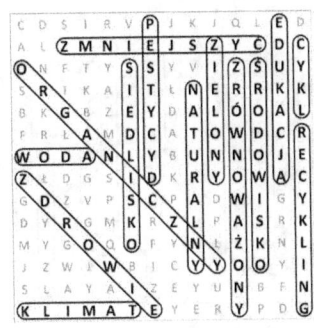

30 - Adjetivos #1

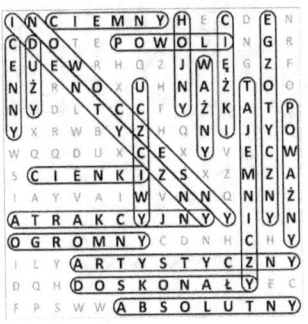

31 - Insetos

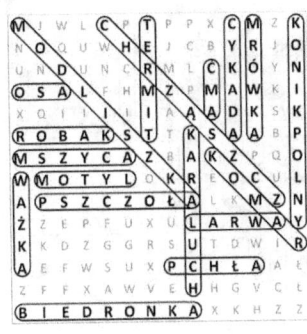

32 - Paisagens

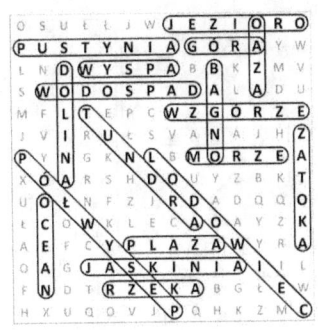

33 - Dança

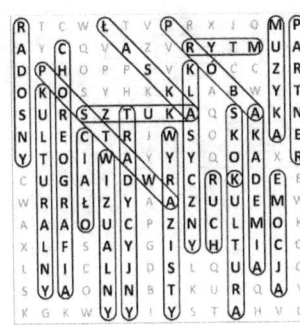

34 - Nutrição

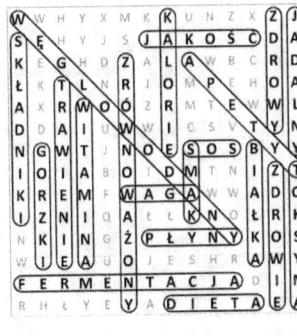

35 - Disciplinas Científicas

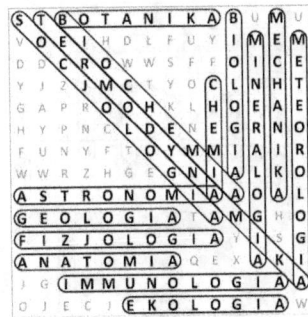

36 - Meditação

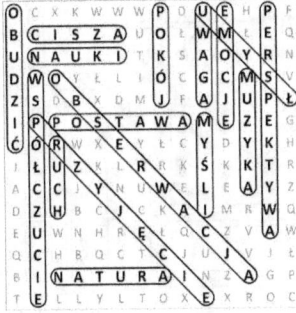

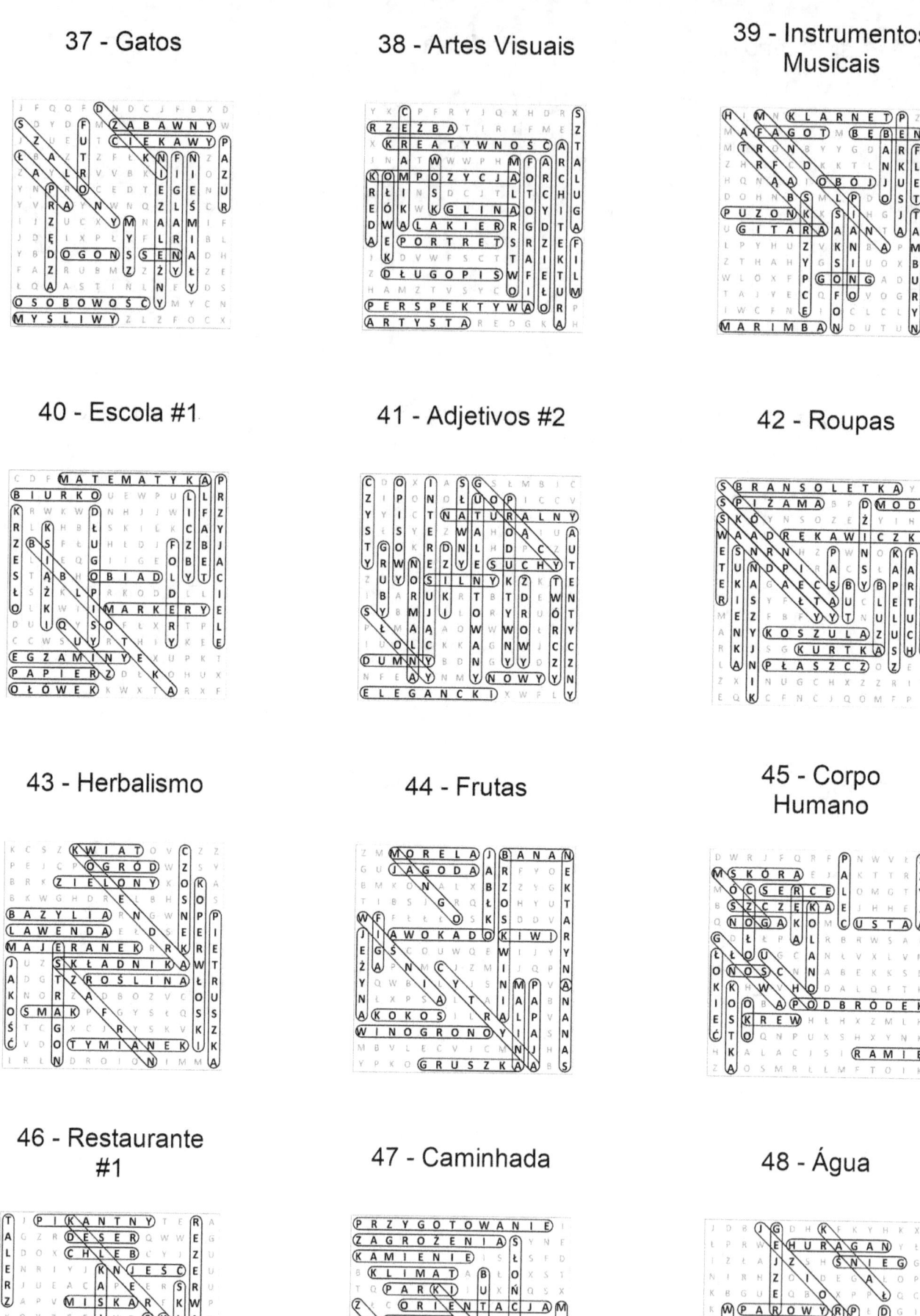

37 - Gatos

38 - Artes Visuais

39 - Instrumentos Musicais

40 - Escola #1

41 - Adjetivos #2

42 - Roupas

43 - Herbalismo

44 - Frutas

45 - Corpo Humano

46 - Restaurante #1

47 - Caminhada

48 - Água

49 - Sons

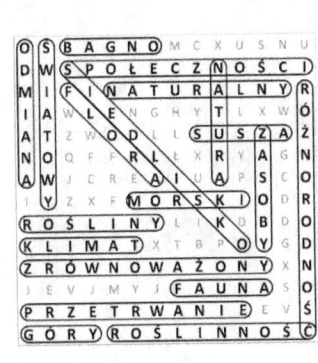

50 - Ecologia

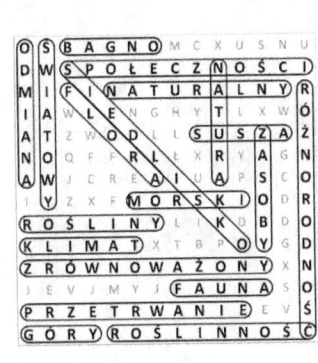

51 - Família

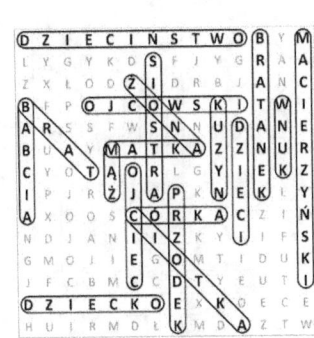

52 - Férias #2

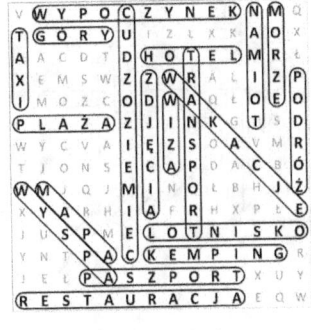

53 - Edifícios

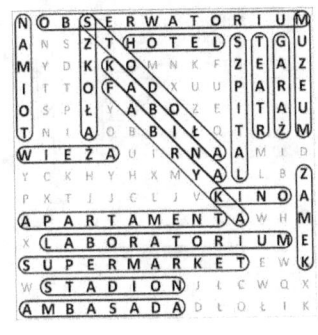

54 - Praia

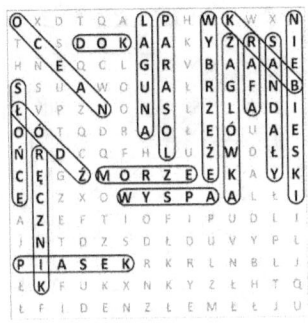

55 - Ferramentas de Cozinha

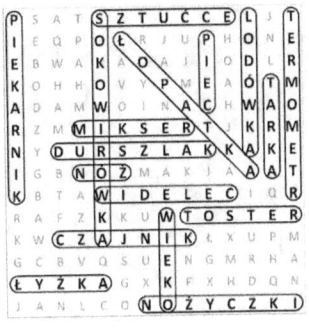

56 - Xadrez

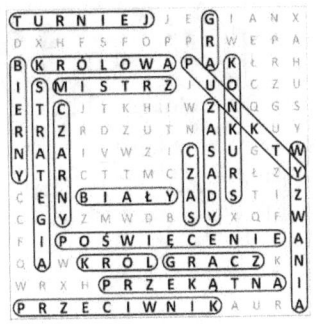

57 - Aventura

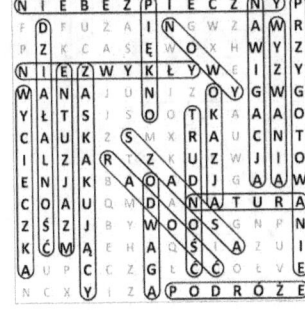

58 - Floresta Tropical

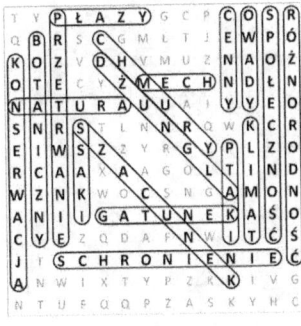

59 - Cidade

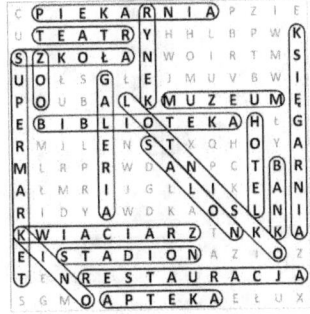

60 - Matemática

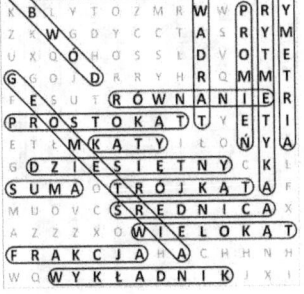

61 - Natureza

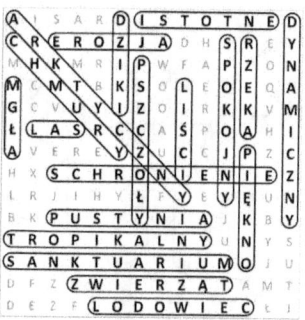

62 - Preencher

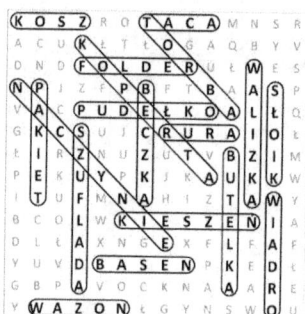

63 - Animais de Estimação

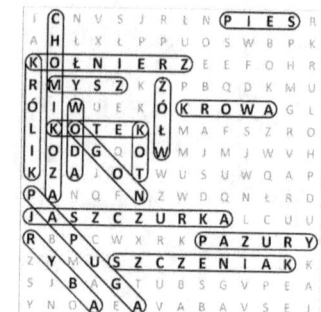

64 - Escalada

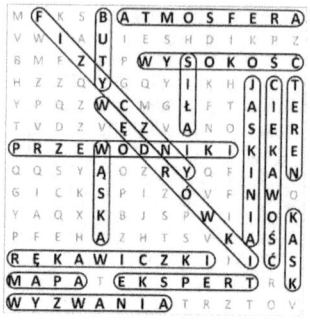

65 - Aviões

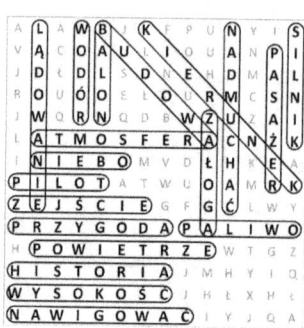

66 - Tipos de Cabelo

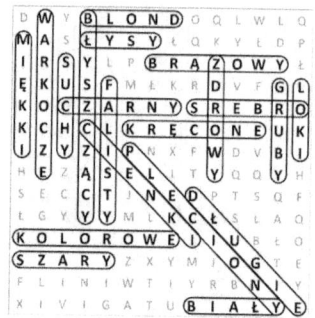

67 - Formas

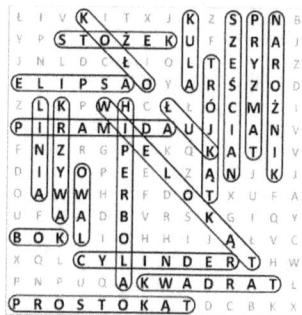

68 - Dias e Meses

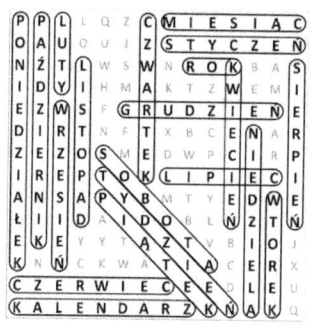

69 - Geografia

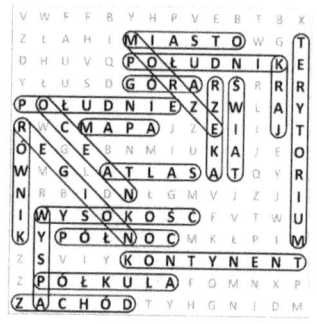

70 - Antártica

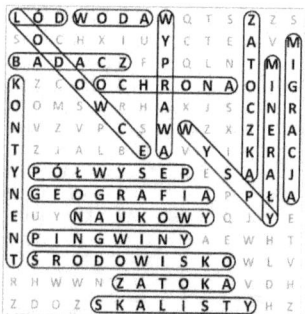

71 - Flores

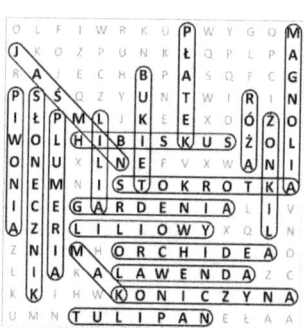

72 - Fazenda #1

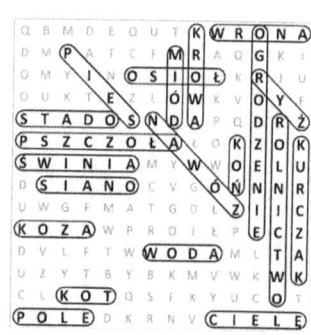

73 - Livros

Word search grid containing: KONTEKST, PISEMNY, ISTOTNE, KOLEKCJA, CZYTELNIK, DUALIZM, HISTORYCZNY, WYNALAZCZY, LITERACKI, POEZJA, STRONA, EPICKI, NARRATOR, PRZYGODA

74 - Chocolate

Word search grid containing: PRZEPIS, SKŁADNIK, KALORIE, ANTYOKSYDANT, JAKOŚĆ, CUKIER, GORZKI

75 - Profissões #2

Word search grid containing: CHIRURG, NAUCZYCIEL, LEKARZ, OGRODNIK, ZOOLOG, FOTOGRAF, ASTRONAUTA, INŻYNIER, BADACZ, BIBLIOTEKARZ, DZIENNIKARZ, WYNALAZCA, MALARZ, DENTYSTA, JĘZYKOZ, BIOLOG

76 - Fazenda #2

Word search grid containing: PASTERZ, OWOC, KUKURYDZA, PSZENICA, JĘCZMIEŃ, MUL, ŁĄKA, JAGNIE, STODOŁA, ZWIERZĄTA, NAWADNIANIE, ROLNIK, CIĄGNIK, WARZYWO, SAD

77 - Jardim

Word search grid containing: TRAWA, GLEBA, GRABIE, GANEK, KWIAT, WĄŻ, OGRODZENIE, DRZEWO, HAMAK, TRAMPOLINA, WINOROŚL

78 - Oceano

Word search grid containing: PRĄD, TUŃCZYK, FALA, KRAB, KORAL, MEDUZA, ŁÓDŹ, REKIN, OSTRYGA, BURZA, WIELORYB, OŚMIORNICA

79 - Profissões #1

Word search grid containing: MYŚLIWY, NAUKOWIEC, PIANISTA, MUZYK, GEOLOG, HYDRAULIK, ADWOKAT, MARYNARZ, AMBASADOR, KRAWIEC, ASTRONOM, REDAKTOR

80 - Campeonato

Word search grid containing: GRY, FINALISTA, WYTRZYMAŁOŚĆ, STRATEGIA, SĘDZIA, TURNIEJ, ZWYCIĘSTWO, RESPEKT, LIGA, WYDAJNOŚĆ, SPORTY, MOTYWACJA

81 - Castelos

Word search grid containing: KSIĄŻE, KONIE, KORONA, WIEŻA, MIECZ, KRÓLESTWO, FOSA, TWIERDZA, TARCZA, KSIĘŻNICZKA, JEDNOROŻEC

82 - Escola # 2

Word search grid containing: GRAMATYKA, LITERATURA, EDUKACJA, SŁOWNIK, UCZEŃ, NAUCZYCIEL, BIBLIOTEKA, CZYTANIE, DOSTAW, PAPIER, KSIĄŻKI

83 - Abelhas

Word search grid containing: KWITNĄĆ, OWAD, ROŚLINY, KRZEW, MIÓD, WOSK, DYM, PYŁEK, KWIATY, KORZYSTNY, RÓŻNORODNOŚĆ

84 - Banheiro

Word search grid containing: PRYSZNIC, WODA, KĄPIEL, GRY, PERFUMY, LUSTRO, GĄBKA, BALSAM, RECZNIK

85 - Ciência

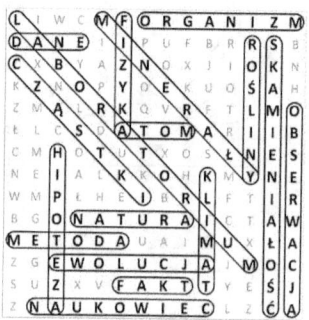

86 - Cores

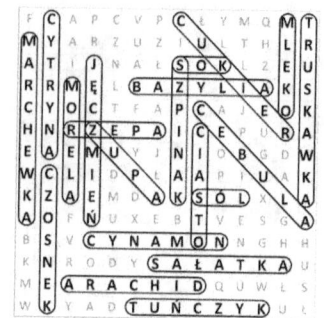

87 - Comida #1

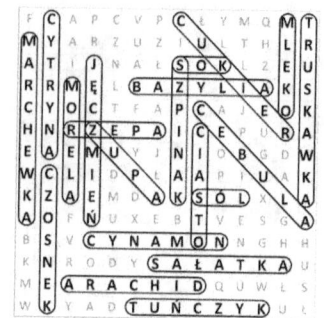

88 - Pássaros

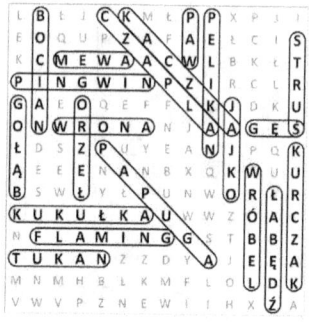

89 - Virtudes #1

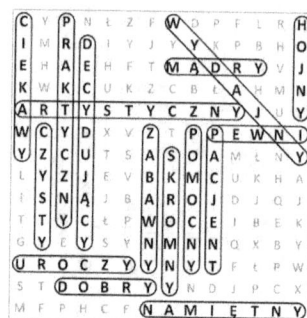

90 - Literatura

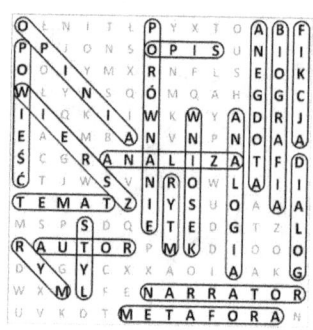

91 - Clima

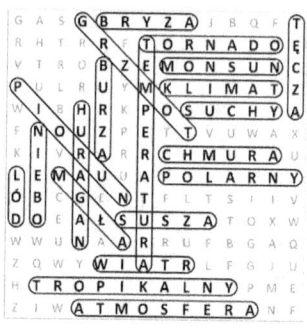

92 - Tecnologia

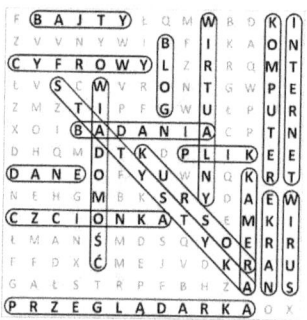

93 - Arte

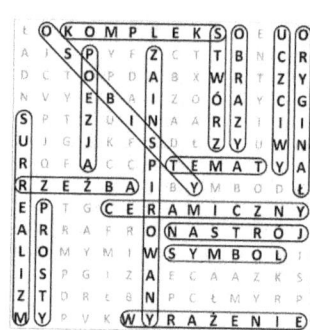

94 - Dinossauros

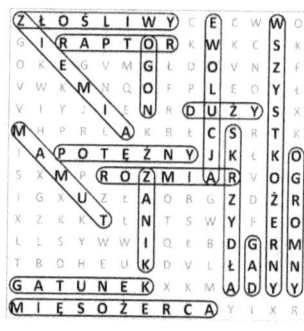

95 - Esportes

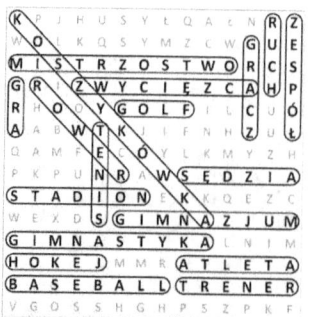

96 - Comida # 2

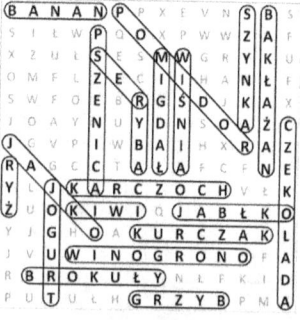

97 - Barcos

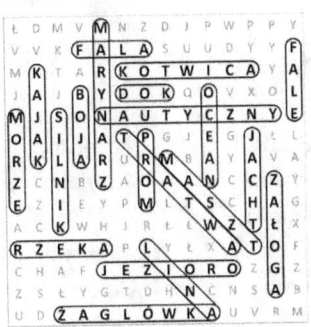

98 - Piratas

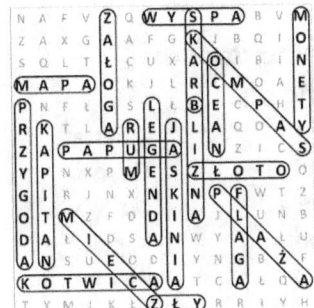

99 - Mamíferos

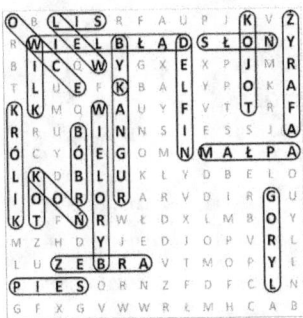

100 - Atividades e Lazer

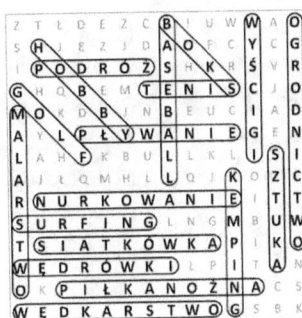

Dicionário

Abelhas
Pszczoły

Asas	Skrzydła
Benéfico	Korzystny
Cera	Wosk
Colmeia	Ul
Diversidade	Różnorodność
Ecossistema	Ekosystem
Enxame	Rój
Flor	Kwitnąć
Flores	Kwiaty
Fruta	Owoc
Fumaça	Dym
Habitat	Siedlisko
Inseto	Owad
Jardim	Ogród
Mel	Miód
Plantas	Rośliny
Pólen	Pyłek
Rainha	Królowa
Sol	Słońce

Acampamento
Kemping

Animais	Zwierząt
Aventura	Przygoda
Árvores	Drzewa
Bússola	Kompas
Cabine	Kabina
Caça	Polowanie
Canoa	Kajak
Chapéu	Kapelusz
Corda	Lina
Equipamento	Sprzęt
Floresta	Las
Fogo	Ogień
Inseto	Owad
Lago	Jezioro
Lua	Księżyc
Maca	Hamak
Mapa	Mapa
Montanha	Góra
Natureza	Natura
Tenda	Namiot

Adjetivos #1
Przymiotniki # 1

Absoluto	Absolutny
Aromático	Aromatyczny
Artístico	Artystyczny
Atraente	Atrakcyjny
Enorme	Ogromny
Escuro	Ciemny
Exótico	Egzotyczny
Fino	Cienki
Generoso	Hojny
Grande	Duży
Honesto	Uczciwy
Idêntico	Identyczny
Importante	Ważny
Lento	Powoli
Misterioso	Tajemniczy
Moderno	Nowoczesny
Perfeito	Doskonały
Pesado	Ciężki
Sério	Poważny
Valioso	Cenny

Adjetivos #2
Przymiotniki # 2

Autêntico	Autentyczny
Criativo	Twórczy
Descritivo	Opisowy
Dotado	Utalentowany
Elegante	Elegancki
Famoso	Sławny
Forte	Silny
Grosso	Gruby
Interessante	Interesujący
Natural	Naturalny
Normal	Normalna
Novo	Nowy
Orgulhoso	Dumny
Produtivo	Produktywny
Puro	Czysty
Quente	Gorący
Salgado	Słony
Saudável	Zdrowy
Seco	Suchy
Selvagem	Dziki

Animais de Estimação
Zwierzęta Domowe

Água	Woda
Cabra	Koza
Cachorro	Szczeniak
Cauda	Ogon
Cão	Pies
Coelho	Królik
Colarinho	Kołnierz
Garras	Pazury
Gatinho	Kotek
Gato	Kot
Hamster	Chomik
Lagarto	Jaszczurka
Mouse	Mysz
Papagaio	Papuga
Peixe	Ryba
Tartaruga	Żółw
Vaca	Krowa

Aniversário
Urodziny

Alegre	Radosny
Amigos	Przyjaciele
Ano	Rok
Bolo	Ciasto
Calendário	Kalendarz
Canção	Piosenka
Cartões	Karty
Celebração	Uroczystość
Convites	Zaproszenia
Dia	Dzień
Dom	Prezent
Especial	Specjalny
Feliz	Szczęśliwy
Jovem	Młody
Nascer	Urodzony
Sabedoria	Mądrość
Tempo	Czas
Velas	Świece

Antártica
Antarktyda

Ambiente	Środowisko
Água	Woda
Baía	Zatoka
Científico	Naukowy
Conservação	Ochrona
Continente	Kontynent
Enseada	Zatoczka
Expedição	Wyprawa
Geleiras	Lodowce
Gelo	Lód
Geografia	Geografia
Ilhas	Wyspy
Investigador	Badacz
Migração	Migracja
Minerais	Minerały
Península	Półwysep
Pinguins	Pingwiny
Rochoso	Skalisty
Temperatura	Temperatura
Topografia	Topografia

Arte
Sztuka

Cerâmica	Ceramiczny
Complexo	Kompleks
Composição	Kompozycja
Criar	Stwórz
Escultura	Rzeźba
Expressão	Wyrażenie
Honesto	Uczciwy
Humor	Nastrój
Inspirado	Zainspirowany
Original	Oryginał
Pessoal	Osobisty
Pinturas	Obrazy
Poesia	Poezja
Retratar	Przedstawiać
Simples	Prosty
Símbolo	Symbol
Sujeito	Temat
Surrealismo	Surrealizm
Visual	Wizualny

Artes Visuais
Sztuki Wizualne

Argila	Glina
Arquitetura	Architektura
Artista	Artysta
Caneta	Długopis
Cavalete	Sztaluga
Cera	Wosk
Cerâmica	Ceramika
Composição	Kompozycja
Criatividade	Kreatywność
Escultura	Rzeźba
Filme	Film
Fotografia	Fotografia
Giz	Kreda
Lápis	Ołówek
Obra-Prima	Arcydzieło
Perspectiva	Perspektywa
Pintura	Malarstwo
Retrato	Portret
Verniz	Lakier

Astronomia
Astronomia

Asteróide	Asteroida
Astronauta	Astronauta
Astrônomo	Astronom
Céu	Niebo
Constelação	Konstelacja
Cosmos	Kosmos
Eclipse	Zaćmienie
Equinócio	Równonoc
Foguete	Rakieta
Galáxia	Galaktyka
Gravidade	Grawitacja
Lua	Księżyc
Meteoro	Meteor
Nebulosa	Mgławica
Observatório	Obserwatorium
Planeta	Planeta
Solar	Słoneczny
Supernova	Supernowa
Terra	Ziemia
Universo	Wszechświat

Atividades
Działalność

Arte	Sztuka
Artesanato	Rzemiosła
Atividade	Działalność
Caca	Polowanie
Caminhada	Wędrówki
Cerâmica	Ceramika
Fotografia	Fotografia
Habilidade	Umiejętność
Jardinagem	Ogrodnictwo
Jogos	Gry
Lazer	Wypoczynek
Lendo	Czytanie
Magia	Magia
Pesca	Wędkarstwo
Prazer	Przyjemność
Relaxamento	Relaks

Atividades e Lazer
Aktywność i Wypoczynek

Acampamento	Kemping
Arte	Sztuka
Basquete	Koszykówka
Beisebol	Baseball
Boxe	Boks
Caminhada	Wędrówki
Corrida	Wyścigi
Futebol	Piłka Nożna
Golfe	Golf
Hobbies	Hobby
Jardinagem	Ogrodnictwo
Mergulho	Nurkowanie
Natação	Pływanie
Pesca	Wędkarstwo
Pintura	Malarstwo
Relaxante	Odprężający
Surfe	Surfing
Tênis	Tenis
Viagem	Podróż
Voleibol	Siatkówka

Aventura
Przygoda

Alegria	Radość
Amigos	Przyjaciele
Atividade	Działalność
Beleza	Piękno
Bravura	Odwaga
Chance	Szansa
Desafios	Wyzwania
Dificuldade	Trudność
Entusiasmo	Entuzjazm
Excursão	Wycieczka
Incomum	Niezwykły
Natureza	Natura
Navegação	Nawigacja
Novo	Nowy
Oportunidade	Okazja
Perigoso	Niebezpieczny
Preparação	Przygotowanie
Surpreendente	Zaskakujący
Viagens	Podróże

Aviões
Samoloty

Altura	Wysokość
Ar	Powietrze
Aterrissagem	Lądowanie
Atmosfera	Atmosfera
Aventura	Przygoda
Balão	Balon
Céu	Niebo
Combustível	Paliwo
Construção	Budowa
Descida	Zejście
Direção	Kierunek
Hidrogênio	Wodór
História	Historia
Inflar	Nadmuchać
Motor	Silnik
Navegar	Nawigować
Passageiro	Pasażer
Piloto	Pilot
Tripulação	Załoga
Turbulência	Turbulencja

Água
Woda

Canal	Kanał
Chuva	Deszcz
Chuveiro	Prysznic
Evaporação	Parowanie
Furacão	Huragan
Geada	Mróz
Gelo	Lód
Geyser	Gejzer
Inundação	Powódź
Irrigação	Nawadnianie
Lago	Jezioro
Monção	Monsun
Neve	Śnieg
Oceano	Ocean
Ondas	Fale
Rio	Rzeka
Umidade	Wilgoć
Vapor	Parowy

Balé
Balet

Aplauso	Oklaski
Artístico	Artystyczny
Bailarina	Balerina
Compositor	Kompozytor
Coreografia	Choreografia
Dançarinos	Tancerze
Ensaio	Próba
Estilo	Styl
Expressivo	Wyrazisty
Gesto	Gest
Gracioso	Wdzięczny
Habilidade	Umiejętność
Intensidade	Intensywność
Música	Muzyka
Orquestra	Orkiestra
Prática	Ćwiczyć
Público	Publiczność
Ritmo	Rytm
Solo	Solo
Técnica	Technika

Banheiro
Łazienka

Água	Woda
Banheiro	Toaleta
Banho	Kąpiel
Bolhas	Bąbelki
Chuveiro	Prysznic
Espelho	Lustro
Esponja	Gąbka
Loção	Balsam
Perfume	Perfumy
Sabão	Mydło
Tapete	Dywan
Tesoura	Nożyczki
Toalha	Ręcznik
Torneira	Kran
Vapor	Parowy
Xampu	Szampon

Barcos
Łodzie

Âncora	Kotwica
Balsa	Prom
Bóia	Boja
Caiaque	Kajak
Corda	Lina
Doca	Dok
Iate	Jacht
Jangada	Tratwa
Lago	Jezioro
Mar	Morze
Maré	Fala
Marinheiro	Marynarz
Mastro	Maszt
Motor	Silnik
Náutico	Nautyczny
Oceano	Ocean
Ondas	Fale
Rio	Rzeka
Tripulação	Załoga
Veleiro	Żaglówka

Brinquedos
Zabawki

Argila	Glina
Artesanato	Rzemiosła
Avião	Samolot
Barco	Łódź
Bateria	Bębny
Bicicleta	Rower
Bola	Piłka
Boneca	Lalka
Caminhão	Ciężarówka
Carro	Samochód
Favorito	Ulubiony
Imaginação	Wyobraźnia
Jogos	Gry
Livros	Książki
Pipa	Latawiec
Robô	Robot
Tintas	Farby
Xadrez	Szachy

Caminhada
Turystyka Piesza

Acampamento	Kemping
Animais	Zwierząt
Água	Woda
Botas	Buty
Cansado	Zmęczony
Clima	Klimat
Guias	Przewodniki
Mapa	Mapa
Montanha	Góra
Natureza	Natura
Orientação	Orientacja
Parques	Parki
Pedras	Kamienie
Penhasco	Klif
Perigos	Zagrożenia
Pesado	Ciężki
Preparação	Przygotowanie
Selvagem	Dziki
Sol	Słońce
Tempo	Pogoda

Campeonato
Mistrzostwo

Campeão	Mistrz
Campeonato	Mistrzostwo
Desempenho	Wydajność
Equipe	Zespół
Esportes	Sporty
Estratégia	Strategia
Finalista	Finalista
Jogos	Gry
Juiz	Sędzia
Liga	Liga
Medalha	Medal
Motivação	Motywacja
Resistência	Wytrzymałość
Torneio	Turniej
Treinador	Trener
Vitória	Zwycięstwo

Casa
Dom

Biblioteca	Biblioteka
Cerca	Ogrodzenie
Chaves	Klucze
Chuveiro	Prysznic
Cortinas	Zasłony
Cozinha	Kuchnia
Espelho	Lustro
Garagem	Garaż
Janela	Okno
Jardim	Ogród
Lareira	Kominek
Mobiliário	Meble
Parede	Ściana
Porta	Drzwi
Quarto	Pokój
Sótão	Strych
Tapete	Dywan
Teto	Sufit
Torneira	Kran
Vassoura	Miotła

Castelos
Zamki

Armadura	Zbroja
Catapulta	Katapulta
Cavaleiro	Rycerz
Cavalo	Koń
Coroa	Korona
Dinastia	Dynastia
Dragão	Smok
Escudo	Tarcza
Espada	Miecz
Feudal	Feudalny
Fortaleza	Twierdza
Império	Imperium
Nobre	Szlachetny
Palácio	Pałac
Parede	Ściana
Princesa	Księżniczka
Príncipe	Książę
Reino	Królestwo
Torre	Wieża
Unicórnio	Jednorożec

Chocolate
Czekolada

Açúcar	Cukier
Amargo	Gorzki
Antioxidante	Antyoksydant
Aroma	Aromat
Cacau	Kakao
Calorias	Kalorie
Caramelo	Karmel
Coco	Kokos
Comer	Jeść
Delicioso	Pyszny
Doce	Słodkie
Exótico	Egzotyczny
Favorito	Ulubiony
Gosto	Smak
Ingrediente	Składnik
Pó	Proszek
Qualidade	Jakość
Receita	Przepis

Churrascos
Grillowanie

Cebolas	Cebule
Convite	Zaproszenie
Crianças	Dzieci
Facas	Noże
Família	Rodzina
Fome	Głód
Frango	Kurczak
Fruta	Owoc
Grelha	Grill
Jantar	Obiad
Jogos	Gry
Legumes	Warzywa
Molho	Sos
Música	Muzyka
Pimenta	Pieprz
Quente	Gorący
Sal	Sól
Saladas	Sałatki
Tomates	Pomidory
Verão	Lato

Cidade
Miasto

Aeroporto	Lotnisko
Banco	Bank
Biblioteca	Biblioteka
Cinema	Kino
Escola	Szkoła
Estádio	Stadion
Farmácia	Apteka
Florista	Kwiaciarz
Galeria	Galeria
Hotel	Hotel
Jardim Zoológico	Zoo
Livraria	Księgarnia
Mercado	Rynek
Museu	Muzeum
Padaria	Piekarnia
Restaurante	Restauracja
Salão	Salon
Supermercado	Supermarket
Teatro	Teatr
Universidade	Uniwersytet

Ciência
Nauki Ścisłe

Átomo	Atom
Cientista	Naukowiec
Clima	Klimat
Dados	Dane
Evolução	Ewolucja
Fato	Fakt
Física	Fizyka
Fóssil	Skamieniałość
Gravidade	Grawitacja
Hipótese	Hipoteza
Laboratório	Laboratorium
Método	Metoda
Minerais	Minerały
Moléculas	Cząsteczki
Natureza	Natura
Observação	Obserwacja
Organismo	Organizm
Partículas	Cząstki
Plantas	Rośliny
Químico	Chemiczny

Circo
Cyrk

Acrobata	Akrobata
Animais	Zwierząt
Balões	Balony
Bilhete	Bilet
Desfile	Parada
Doce	Cukierek
Elefante	Słoń
Espectador	Widz
Espetacular	Spektakularny
Leão	Lew
Macaco	Małpa
Magia	Magia
Malabarista	Żongler
Mágico	Magik
Música	Muzyka
Palhaço	Klaun
Tenda	Namiot
Tigre	Tygrys
Traje	Kostium
Truque	Sztuczka

Clima
Pogoda

Arco-Íris	Tęcza
Atmosfera	Atmosfera
Brisa	Bryza
Céu	Niebo
Clima	Klimat
Furacão	Huragan
Gelo	Lód
Monção	Monsun
Nevoeiro	Mgła
Nuvem	Chmura
Polar	Polarny
Relâmpago	Piorun
Seca	Susza
Seco	Suchy
Temperatura	Temperatura
Tempestade	Burza
Tornado	Tornado
Tropical	Tropikalny
Trovão	Grzmot
Vento	Wiatr

Comida # 2
Jedzenie # 2

Alcachofra	Karczoch
Amêndoa	Migdał
Arroz	Ryż
Banana	Banan
Beringela	Bakłażan
Brócolis	Brokuły
Cereja	Wiśnia
Chocolate	Czekolada
Cogumelo	Grzyb
Frango	Kurczak
Iogurte	Jogurt
Kiwi	Kiwi
Maçã	Jabłko
Ovo	Jajko
Peixe	Ryba
Presunto	Szynka
Queijo	Ser
Tomate	Pomidor
Trigo	Pszenica
Uva	Winogrono

Comida #1
Jedzenie # 1

Açúcar	Cukier
Alho	Czosnek
Amendoim	Arachid
Atum	Tuńczyk
Bolo	Ciasto
Canela	Cynamon
Cebola	Cebula
Cenoura	Marchewka
Cevada	Jęczmień
Damasco	Morela
Espinafre	Szpinak
Leite	Mleko
Limão	Cytryna
Manjericão	Bazylia
Morango	Truskawka
Nabo	Rzepa
Sal	Sól
Salada	Sałatka
Sopa	Zupa
Suco	Sok

Conservação
Ochrona Przyrody

Ambiental	Środowisko
Água	Woda
Ciclo	Cykl
Clima	Klimat
Ecossistema	Ekosystem
Educação	Edukacja
Habitat	Siedlisko
Natural	Naturalny
Orgânico	Organiczny
Pesticida	Pestycyd
Reciclar	Recykling
Reduzir	Zmniejszyć
Saúde	Zdrowie
Sustentável	Zrównoważony
Verde	Zielony
Voluntário	Wolontariusz

Cores
Zabarwienie

Amarelo	Żółty
Azul	Niebieski
Bege	Beżowy
Branco	Biały
Ciano	Cyjan
Cinza	Szary
Fuchsia	Fuksja
Laranja	Pomarańczowy
Magenta	Magenta
Marrom	Brązowy
Preto	Czarny
Rosa	Różowy
Roxo	Fioletowy
Sépia	Sepia
Verde	Zielony
Vermelho	Czerwony

Corpo Humano
Ciało Ludzkie

Boca	Usta
Cabeça	Głowa
Cérebro	Mózg
Coração	Serce
Cotovelo	Łokieć
Dedo	Palec
Joelho	Kolano
Mandíbula	Szczęka
Mão	Ręka
Nariz	Nos
Olho	Oko
Ombro	Ramię
Orelha	Ucho
Pele	Skóra
Perna	Noga
Pescoço	Szyja
Queixo	Podbródek
Sangue	Krew
Testa	Czoło
Tornozelo	Kostka

Cozinha
Kuchnia

Avental	Fartuch
Chaleira	Czajnik
Colheres	Łyżki
Comer	Jeść
Concha	Chochla
Cups	Kubki
Especiarias	Przyprawy
Esponja	Gąbka
Facas	Noże
Forno	Piekarnik
Freezer	Zamrażarka
Garfos	Widelce
Geladeira	Lodówka
Grelha	Grill
Guardanapo	Serwetka
Jar	Słoik
Jarro	Dzbanek
Pauzinhos	Pałeczki
Receita	Przepis
Tigela	Miska

Dança
Taniec

Academia	Akademia
Alegre	Radosny
Arte	Sztuka
Clássico	Klasyczny
Coreografia	Choreografia
Corpo	Ciało
Cultura	Kultura
Cultural	Kulturalny
Emoção	Emocja
Ensaio	Próba
Expressivo	Wyrazisty
Graça	Łaska
Movimento	Ruch
Música	Muzyka
Parceiro	Partner
Postura	Postawa
Ritmo	Rytm
Saltar	Skok
Tradicional	Tradycyjny
Visual	Wizualny

Dias e Meses
Dni i Miesiące

Abril	Kwiecień
Agosto	Sierpień
Ano	Rok
Calendário	Kalendarz
Dezembro	Grudzień
Domingo	Niedziela
Fevereiro	Luty
Janeiro	Styczeń
Julho	Lipiec
Junho	Czerwiec
Mês	Miesiąc
Novembro	Listopad
Outubro	Październik
Quinta-Feira	Czwartek
Sábado	Sobota
Segunda-Feira	Poniedziałek
Semana	Tydzień
Setembro	Wrzesień
Sexta-Feira	Piątek
Terça	Wtorek

Dinossauros
Dinozaury

Asas	Skrzydła
Carnívoro	Mięsożerca
Cauda	Ogon
Desaparecimento	Zanik
Enorme	Ogromny
Espécies	Gatunek
Evolução	Ewolucja
Grande	Duży
Herbívoro	Roślinożerne
Mamute	Mamut
Onívoro	Wszystkożerny
Poderoso	Potężny
Raptor	Raptor
Réptil	Gad
Tamanho	Rozmiar
Terra	Ziemia
Vicioso	Złośliwy

Dirigindo
Prowadzenie Pojazdów

Acidente	Wypadek
Caminhão	Ciężarówka
Carro	Samochód
Combustível	Paliwo
Cuidado	Ostrożność
Estrada	Droga
Freios	Hamulce
Garagem	Garaż
Gás	Gaz
Licença	Licencja
Mapa	Mapa
Motocicleta	Motocykl
Motor	Silnik
Pedestre	Pieszy
Polícia	Policja
Rua	Ulica
Seguro	Ubezpieczenie
Transporte	Transport
Tráfego	Ruch Drogowy
Túnel	Tunel

Disciplinas Científicas
Dyscypliny Naukowe

Anatomia	Anatomia
Arqueologia	Archeologia
Astronomia	Astronomia
Biologia	Biologia
Bioquímica	Biochemia
Botânica	Botanika
Cinesiologia	Kinezjologia
Ecologia	Ekologia
Fisiologia	Fizjologia
Geologia	Geologia
Imunologia	Immunologia
Mecânica	Mechanika
Meteorologia	Meteorologia
Mineralogia	Mineralogia
Neurologia	Neurologia
Psicologia	Psychologia
Química	Chemia
Sociologia	Socjologia
Termodinâmica	Termodynamika
Zoologia	Zoologia

Ecologia
Ekologia

Clima	Klimat
Comunidades	Społeczności
Diversidade	Różnorodność
Fauna	Fauna
Flora	Flora
Global	Światowy
Habitat	Siedlisko
Marinho	Morski
Montanhas	Góry
Natural	Naturalny
Natureza	Natura
Pântano	Bagno
Plantas	Rośliny
Recursos	Zasoby
Seca	Susza
Sobrevivência	Przetrwanie
Sustentável	Zrównoważony
Variedade	Odmiana
Vegetação	Roślinność
Voluntários	Wolontariusze

Edifícios
Budynek

Apartamento	Apartament
Cabine	Kabina
Castelo	Zamek
Celeiro	Stodoła
Cinema	Kino
Embaixada	Ambasada
Escola	Szkoła
Estádio	Stadion
Fábrica	Fabryka
Garagem	Garaż
Hospital	Szpital
Hotel	Hotel
Laboratório	Laboratorium
Museu	Muzeum
Observatório	Obserwatorium
Supermercado	Supermarket
Teatro	Teatr
Tenda	Namiot
Torre	Wieża
Universidade	Uniwersytet

Emoções
Emocji

Alegria	Radość
Amor	Miłość
Bem-Aventurança	Rozkosz
Bondade	Życzliwość
Conteúdo	Zawartość
Envergonhado	Zakłopotany
Grato	Wdzięczny
Medo	Strach
Paz	Pokój
Raiva	Gniew
Satisfeito	Zadowolona
Simpatia	Współczucie
Ternura	Czułość
Tédio	Nuda
Tranquilidade	Spokój
Tristeza	Smutek

Escalada
Wspinaczka

Altitude	Wysokość
Atmosfera	Atmosfera
Botas	Buty
Caminhada	Wędrówki
Capacete	Kask
Caverna	Jaskinia
Curiosidade	Ciekawość
Desafios	Wyzwania
Especialista	Ekspert
Estabilidade	Stabilność
Estreito	Wąska
Físico	Fizyczny
Força	Siła
Guias	Przewodniki
Luvas	Rękawiczki
Mapa	Mapa
Terreno	Teren

Escola # 2
Szkoła nr 2

Acadêmico	Akademicki
Atividades	Zajęcia
Biblioteca	Biblioteka
Calendário	Kalendarz
Ciência	Nauka
Computador	Komputer
Dicionário	Słownik
Educação	Edukacja
Gramática	Gramatyka
Jogos	Gry
Lápis	Ołówek
Leitura	Czytanie
Literatura	Literatura
Livros	Książki
Matemática	Matematyka
Mochila	Plecak
Papel	Papier
Professor	Nauczyciel
Suprimentos	Dostaw
Tesoura	Nożyczki

Escola #1
Szkoła nr 1

Alfabeto	Alfabet
Almoço	Obiad
Amigos	Przyjaciele
Biblioteca	Biblioteka
Cadeira	Krzesło
Canetas	Długopisy
Exames	Egzaminy
Lápis	Ołówek
Livros	Książki
Marcadores	Markery
Matemática	Matematyka
Mesa	Biurko
Números	Liczby
Papel	Papier
Pastas	Foldery
Professor	Nauczyciel
Questionário	Quiz
Respostas	Odpowiedzi

Especiarias
Przyprawy

Açafrão	Szafran
Alcaçuz	Lukrecja
Alho	Czosnek
Amargo	Gorzki
Anis	Anyż
Azedo	Kwaśny
Baunilha	Wanilia
Canela	Cynamon
Cardamomo	Kardamon
Caril	Curry
Cebola	Cebula
Coentro	Kolendra
Cominho	Kminek
Cravo	Goździk
Doce	Słodkie
Funcho	Koper Włoski
Gengibre	Imbir
Pimenta	Pieprz
Sabor	Smak
Sal	Sól

Esportes
Sporty

Atleta	Atleta
Árbitro	Sędzia
Basquete	Koszykówka
Beisebol	Baseball
Bicicleta	Rower
Campeonato	Mistrzostwo
Equipe	Zespół
Estádio	Stadion
Ganhador	Zwycięzca
Ginásio	Gimnazjum
Ginástica	Gimnastyka
Golfe	Golf
Hóquei	Hokej
Jogador	Gracz
Jogo	Gra
Movimento	Ruch
Tênis	Tenis
Treinador	Trener

Família
Rodzina

Antepassado	Przodek
Avó	Babcia
Criança	Dziecko
Crianças	Dzieci
Esposa	Żona
Filha	Córka
Infância	Dzieciństwo
Irmã	Siostra
Irmão	Brat
Marido	Mąż
Materno	Macierzyński
Mãe	Matka
Neto	Wnuk
Pai	Ojciec
Paterno	Ojcowski
Primo	Kuzyn
Sobrinha	Siostrzenica
Sobrinho	Bratanek
Tia	Ciotka
Tio	Wujek

Fazenda #1
Gospodarstwo #1

Abelha	Pszczoła
Agricultura	Rolnictwo
Arroz	Ryż
Água	Woda
Bezerro	Cielę
Burro	Osioł
Cabra	Koza
Campo	Pole
Cavalo	Koń
Cão	Pies
Cerca	Ogrodzenie
Corvo	Wrona
Feno	Siano
Fertilizante	Nawóz
Frango	Kurczak
Gato	Kot
Mel	Miód
Porco	Świnia
Rebanho	Stado
Vaca	Krowa

Fazenda #2
Gospodarstwo #2

Agricultor	Rolnik
Animais	Zwierząt
Celeiro	Stodoła
Cevada	Jęczmień
Colmeia	Ul
Cordeiro	Jagnię
Fruta	Owoc
Irrigação	Nawadnianie
Leite	Mleko
Lhama	Lama
Maduro	Dojrzały
Milho	Kukurydza
Ovelha	Owce
Pastor	Pasterz
Pato	Kaczka
Pomar	Sad
Prado	Łąka
Trator	Ciągnik
Trigo	Pszenica
Vegetal	Warzywo

Ferramentas de Cozinha
Narzędzia do Gotowania

Chaleira	Czajnik
Coador	Durszlak
Colher	Łyżka
Espátula	Łopatka
Espremedor	Sokowirówka
Faca	Nóż
Fogão	Piec
Forno	Piekarnik
Garfo	Widelec
Geladeira	Lodówka
Liquidificador	Mikser
Ralador	Tarka
Talheres	Sztućce
Tampa	Wieko
Termômetro	Termometr
Tesoura	Nożyczki
Torradeira	Toster

Férias #2
Wakacje # 2

Acampamento	Kemping
Aeroporto	Lotnisko
Estrangeiro	Cudzoziemiec
Feriado	Wakacje
Fotos	Zdjęcia
Hotel	Hotel
Ilha	Wyspa
Lazer	Wypoczynek
Mapa	Mapa
Mar	Morze
Montanhas	Góry
Passaporte	Paszport
Praia	Plaża
Reservas	Rezerwacje
Restaurante	Restauracja
Táxi	Taxi
Tenda	Namiot
Transporte	Transport
Viagem	Podróż
Visto	Wiza

Ficção Científica
Fantastyka Naukowa

Atómico	Atomowy
Cinema	Kino
Distopia	Dystopia
Explosão	Wybuch
Extremo	Skrajny
Fantástico	Fantastyczny
Fogo	Ogień
Futurista	Futurystyczny
Galáxia	Galaktyka
Ilusão	Iluzja
Imaginário	Wyimaginowany
Livros	Książki
Misterioso	Tajemniczy
Mundo	Świat
Oráculo	Wyrocznia
Planeta	Planeta
Realista	Realistyczny
Robôs	Roboty
Tecnologia	Technologia
Utopia	Utopia

Flores
Kwiaty

Buquê	Bukiet
Gardênia	Gardenia
Girassol	Słonecznik
Hibisco	Hibiskus
Jasmim	Jaśmin
Lavanda	Lawenda
Lilás	Liliowy
Lírio	Lilia
Magnólia	Magnolia
Margarida	Stokrotka
Narciso	Żonkil
Orquídea	Orchidea
Papoula	Mak
Peônia	Piwonia
Pétala	Płatek
Plumeria	Plumeria
Rosa	Róża
Trevo	Koniczyna
Tulipa	Tulipan

Floresta Tropical
Las Deszczowy

Anfíbios	Płazy
Botânico	Botaniczny
Clima	Klimat
Comunidade	Społeczność
Diversidade	Różnorodność
Espécies	Gatunek
Insetos	Owady
Mamíferos	Ssaki
Musgo	Mech
Natureza	Natura
Nuvens	Chmury
Pássaros	Ptaki
Preservação	Konserwacja
Refúgio	Schronienie
Respeito	Szacunek
Selva	Dżungla
Sobrevivência	Przetrwanie
Valioso	Cenny

Formas
Kształty

Arco	Łuk
Canto	Narożnik
Cilindro	Cylinder
Círculo	Koło
Cone	Stożek
Cubo	Sześcian
Curva	Krzywa
Elipse	Elipsa
Esfera	Kula
Hipérbole	Hiperbola
Lado	Bok
Linha	Linia
Oval	Owal
Pirâmide	Piramida
Polígono	Wielokąt
Prisma	Pryzmat
Quadrado	Kwadrat
Retângulo	Prostokąt
Triângulo	Trójkąt

Frutas
Owoce

Abacate	Awokado
Abacaxi	Ananas
Amora	Jeżyna
Baga	Jagoda
Banana	Banan
Cereja	Wiśnia
Coco	Kokos
Damasco	Morela
Figo	Figa
Framboesa	Malina
Kiwi	Kiwi
Laranja	Pomarańczowy
Limão	Cytryna
Maçã	Jabłko
Mamão	Papaja
Manga	Mango
Nectarina	Nektaryna
Pera	Gruszka
Pêssego	Brzoskwinia
Uva	Winogrono

Gatos
Koty

Brincalhão	Figlarny
Caçador	Myśliwy
Cauda	Ogon
Curioso	Ciekawy
Dormir	Sen
Engraçado	Zabawny
Fio	Przędza
Garra	Pazur
Independente	Niezależny
Louco	Szalony
Mouse	Mysz
Pata	Łapa
Pele	Futro
Personalidade	Osobowość
Selvagem	Dziki
Tímido	Nieśmiały

Geografia
Geografia

Altitude	Wysokość
Atlas	Atlas
Cidade	Miasto
Continente	Kontynent
Equador	Równik
Hemisfério	Półkula
Ilha	Wyspa
Mapa	Mapa
Mar	Morze
Meridiano	Południk
Montanha	Góra
Mundo	Świat
Norte	Północ
Oceano	Ocean
Oeste	Zachód
País	Kraj
Região	Region
Rio	Rzeka
Sul	Południe
Território	Terytorium

Geologia
Geologia

Ácido	Kwas
Camada	Warstwa
Caverna	Grota
Cálcio	Wapń
Ciclos	Cykle
Continente	Kontynent
Coral	Koral
Cristais	Kryształy
Erosão	Erozja
Estalactite	Stalaktyt
Estalagmites	Stalagmity
Fóssil	Skamieniałość
Lava	Lawa
Minerais	Minerały
Pedra	Kamień
Platô	Płaskowyż
Quartzo	Kwarc
Sal	Sól
Vulcão	Wulkan
Zona	Strefa

Herbalismo
Zielarstwo

Açafrão	Szafran
Alecrim	Rozmaryn
Alho	Czosnek
Aromático	Aromatyczny
Benéfico	Korzystny
Coentro	Kolendra
Estragão	Estragon
Flor	Kwiat
Funcho	Koper Włoski
Ingrediente	Składnik
Jardim	Ogród
Lavanda	Lawenda
Manjericão	Bazylia
Manjerona	Majeranek
Planta	Roślina
Qualidade	Jakość
Sabor	Smak
Salsa	Pietruszka
Tomilho	Tymianek
Verde	Zielony

Insetos
Owady

Abelha	Pszczoła
Barata	Karaluch
Besouro	Chrząszcz
Borboleta	Motyl
Cigarra	Cykada
Cupim	Termit
Formiga	Mrówka
Gafanhoto	Konik Polny
Joaninha	Biedronka
Larva	Larwa
Libélula	Ważka
Louva-A-Deus	Modliszka
Mariposa	Ćma
Minhoca	Robak
Mosquito	Komar
Pulga	Pchła
Pulgão	Mszyca
Vespa	Osa

Instrumentos Musicais
Instrumenty Muzyczne

Bandolim	Mandolina
Banjo	Banjo
Clarinete	Klarnet
Fagote	Fagot
Flauta	Flet
Gaita	Harmonijka
Gongo	Gong
Harpa	Harfa
Marimba	Marimba
Oboé	Obój
Pandeiro	Tamburyn
Percussão	Perkusja
Piano	Pianino
Saxofone	Saksofon
Tambor	Bęben
Trombone	Puzon
Trompete	Trąbka
Violão	Gitara
Violino	Skrzypce
Violoncelo	Wiolonczela

Jardim
Ogród

Ancinho	Grabie
Arbusto	Krzak
Árvore	Drzewo
Banco	Ławka
Cerca	Ogrodzenie
Flor	Kwiat
Garagem	Garaż
Grama	Trawa
Gramado	Trawnik
Jardim	Ogród
Lagoa	Staw
Maca	Hamak
Mangueira	Wąż
Pá	Łopata
Pomar	Sad
Solo	Gleba
Terraço	Taras
Trampolim	Trampolina
Varanda	Ganek
Videira	Winorośl

Literatura
Literatura

Analogia	Analogia
Análise	Analiza
Anedota	Anegdota
Autor	Autor
Biografia	Biografia
Comparação	Porównanie
Conclusão	Wniosek
Descrição	Opis
Diálogo	Dialog
Estilo	Styl
Ficção	Fikcja
Metáfora	Metafora
Narrador	Narrator
Opinião	Opinia
Poema	Wiersz
Rima	Rym
Ritmo	Rytm
Romance	Powieść
Tema	Temat
Tragédia	Tragedia

Livros
Książki

Autor	Autor
Aventura	Przygoda
Coleção	Kolekcja
Contexto	Kontekst
Dualidade	Dualizm
Escrito	Pisemny
Épico	Epicki
História	Historia
Histórico	Historyczny
Inventivo	Wynalazczy
Leitor	Czytelnik
Literário	Literacki
Narrador	Narrator
Página	Strona
Poema	Wiersz
Poesia	Poezja
Relevante	Istotne
Romance	Powieść
Série	Seria
Trágico	Tragiczny

Mamíferos
Ssaki

Baleia	Wieloryb
Camelo	Wielbłąd
Canguru	Kangur
Castor	Bóbr
Cavalo	Koń
Cão	Pies
Coelho	Królik
Coiote	Kojot
Elefante	Słoń
Gato	Kot
Girafa	Żyrafa
Golfinho	Delfin
Gorila	Goryl
Leão	Lew
Lobo	Wilk
Macaco	Małpa
Ovelha	Owce
Raposa	Lis
Touro	Byk
Zebra	Zebra

Matemática
Matematyka

Aritmética	Arytmetyka
Ângulos	Kąty
Circunferência	Obwód
Decimal	Dziesiętny
Diâmetro	Średnica
Equação	Równanie
Expoente	Wykładnik
Fração	Frakcja
Geometria	Geometria
Paralelo	Równoległy
Paralelogramo	Równoległobok
Perpendicular	Prostopadły
Polígono	Wielokąt
Quadrado	Kwadrat
Raio	Promień
Retângulo	Prostokąt
Simetria	Symetria
Soma	Suma
Triângulo	Trójkąt
Volume	Objętość

Material de Arte
Materiały Artystyczne

Acrílico	Akryl
Apagador	Gumka
Aquarelas	Akwarele
Argila	Glina
Água	Woda
Cadeira	Krzesło
Cavalete	Sztaluga
Câmera	Kamera
Cola	Klej
Cores	Kolory
Criatividade	Kreatywność
Escovas	Pędzle
Lápis	Ołówki
Mesa	Stół
Óleo	Olej
Papel	Papier
Pastels	Pastele
Tinta	Atrament
Tintas	Farby

Medições
Pomiary

Altura	Wysokość
Byte	Bajt
Centímetro	Centymetr
Comprimento	Długość
Decimal	Dziesiętny
Grama	Gram
Grau	Stopień
Largura	Szerokość
Litro	Litr
Massa	Masa
Metro	Metr
Minuto	Minuta
Onça	Uncja
Peso	Waga
Polegada	Cal
Profundidade	Głębokość
Quilograma	Kilogram
Quilômetro	Kilometr
Tonelada	Tona
Volume	Objętość

Meditação
Medytacja

Aceitação	Przyjęcie
Acordado	Obudzić
Atenção	Uwaga
Bondade	Życzliwość
Clareza	Przejrzystość
Compaixão	Współczucie
Emoções	Emocje
Ensinamentos	Nauki
Gratidão	Wdzięczność
Mental	Psychiczny
Mente	Umysł
Movimento	Ruch
Música	Muzyka
Natureza	Natura
Observação	Obserwacja
Paz	Pokój
Pensamentos	Myśli
Perspectiva	Perspektywa
Postura	Postawa
Silêncio	Cisza

Mitologia
Mitologia

Arquétipo	Archetyp
Ciúmes	Zazdrość
Comportamento	Zachowanie
Crenças	Wierzenia
Criação	Kreacja
Criatura	Stworzenie
Cultura	Kultura
Desastre	Katastrofa
Força	Siła
Guerreiro	Wojownik
Heroína	Bohaterka
Herói	Bohater
Labirinto	Labirynt
Lenda	Legenda
Mágico	Magiczny
Monstro	Potwór
Mortal	Śmiertelny
Relâmpago	Piorun
Trovão	Grzmot
Vingança	Zemsta

Móveis
Meble

Almofada	Poduszka
Almofadas	Poduszki
Banco	Ławka
Cadeira	Krzesło
Cama	Łóżko
Colchão	Materac
Cortinas	Zasłony
Cômoda	Komoda
Espelho	Lustro
Estante	Regał
Futon	Futon
Maca	Hamak
Mesa	Biurko
Poltrona	Fotel
Prateleiras	Półki
Sofá	Kanapa
Tapete	Dywan

Natureza
Przyroda

Abelhas	Pszczoły
Abrigo	Schronienie
Animais	Zwierząt
Ártico	Arktyczny
Beleza	Piękno
Deserto	Pustynia
Dinâmico	Dynamiczny
Erosão	Erozja
Floresta	Las
Folhagem	Liści
Geleira	Lodowiec
Nevoeiro	Mgła
Nuvens	Chmury
Pacífico	Spokojna
Rio	Rzeka
Santuário	Sanktuarium
Selvagem	Dziki
Sereno	Spokojny
Tropical	Tropikalny
Vital	Istotne

Nutrição
Odżywianie

Amargo	Gorzki
Apetite	Apetyt
Calorias	Kalorie
Carboidratos	Węglowodany
Comestível	Jadalny
Dieta	Dieta
Digestão	Trawienie
Equilibrado	Zrównoważony
Fermentação	Fermentacja
Ingredientes	Składniki
Líquidos	Płyny
Molho	Sos
Peso	Waga
Proteínas	Białka
Qualidade	Jakość
Sabor	Smak
Saudável	Zdrowy
Saúde	Zdrowie
Toxina	Toksyna
Vitamina	Witamina

Números
Liczby

Cinco	Pięć
Decimal	Dziesiętny
Dez	Dziesięć
Dezesseis	Szesnaście
Dezessete	Siedemnaście
Dezoito	Osiemnaście
Dois	Dwa
Doze	Dwanaście
Nove	Dziewięć
Oito	Osiem
Quatorze	Czternaście
Quatro	Cztery
Quinze	Piętnaście
Seis	Sześć
Sete	Siedem
Treze	Trzynaście
Três	Trzy
Um	Jeden
Vinte	Dwadzieścia
Zero	Zero

Oceano
Ocean

Atum	Tuńczyk
Baleia	Wieloryb
Barco	Łódź
Camarão	Krewetka
Caranguejo	Krab
Coral	Koral
Enguia	Węgorz
Esponja	Gąbka
Golfinho	Delfin
Marés	Pływy
Medusa	Meduza
Ondas	Fale
Ostra	Ostryga
Peixe	Ryba
Polvo	Ośmiornica
Recife	Rafa
Sal	Sól
Tartaruga	Żółw
Tempestade	Burza
Tubarão	Rekin

Paisagens
Krajobrazy

Cascata	Wodospad
Caverna	Jaskinia
Colina	Wzgórze
Deserto	Pustynia
Geleira	Lodowiec
Golfo	Zatoka
Iceberg	Góra Lodowa
Ilha	Wyspa
Lago	Jezioro
Mar	Morze
Montanha	Góra
Oásis	Oaza
Oceano	Ocean
Pântano	Bagno
Península	Półwysep
Praia	Plaża
Rio	Rzeka
Tundra	Tundra
Vale	Dolina
Vulcão	Wulkan

Países #2
Kraje # 2

Albânia	Albania
Dinamarca	Dania
França	Francja
Grécia	Grecja
Haiti	Haiti
Indonésia	Indonezja
Irlanda	Irlandia
Jamaica	Jamajka
Japão	Japonia
Laos	Laos
Líbano	Liban
México	Meksyk
Nepal	Nepal
Nigéria	Nigeria
Paquistão	Pakistan
Rússia	Rosja
Síria	Syria
Somália	Somalia
Ucrânia	Ukraina
Uganda	Uganda

Pássaros
Ptaki

Avestruz	Struś
Águia	Orzeł
Cegonha	Bocian
Cisne	Łabędź
Corvo	Wrona
Cuco	Kukułka
Flamingo	Flaming
Frango	Kurczak
Gaivota	Mewa
Ganso	Gęś
Garça	Czapla
Ovo	Jajko
Papagaio	Papuga
Pardal	Wróbel
Pato	Kaczka
Pavão	Paw
Pelicano	Pelikan
Pinguim	Pingwin
Pombo	Gołąb
Tucano	Tukan

Pesca
Wędkarstwo

Água	Woda
Barbatanas	Płetwy
Barco	Łódź
Brânquias	Skrzela
Cesta	Kosz
Cozinhar	Gotować
Equipamento	Sprzęt
Exagero	Przesada
Fio	Drut
Gancho	Hak
Isca	Przynęta
Lago	Jezioro
Mandíbula	Szczęka
Oceano	Ocean
Paciência	Cierpliwość
Peso	Waga
Praia	Plaża
Rio	Rzeka

Piratas
Piraci

Aventura	Przygoda
Âncora	Kotwica
Bandeira	Flaga
Bússola	Kompas
Capitão	Kapitan
Caverna	Jaskinia
Cicatriz	Blizna
Espada	Miecz
Ilha	Wyspa
Lenda	Legenda
Mapa	Mapa
Mau	Zły
Moedas	Monety
Oceano	Ocean
Ouro	Złoto
Papagaio	Papuga
Praia	Plaża
Rum	Rum
Tesouro	Skarb
Tripulação	Załoga

Plantas
Rośliny

Arbusto	Krzak
Árvore	Drzewo
Baga	Jagoda
Bambu	Bambus
Botânica	Botanika
Cacto	Kaktus
Erva	Zioło
Feijão	Fasola
Fertilizante	Nawóz
Flor	Kwiat
Flora	Flora
Floresta	Las
Folhagem	Liści
Grama	Trawa
Hera	Bluszcz
Jardim	Ogród
Musgo	Mech
Pétala	Płatek
Raiz	Źródło
Vegetação	Roślinność

Praia
Plaża

Areia	Piasek
Azul	Niebieski
Barco	Łódź
Caranguejo	Krab
Costa	Wybrzeże
Doca	Dok
Guarda-Chuva	Parasol
Ilha	Wyspa
Lagoa	Laguna
Mar	Morze
Oceano	Ocean
Recife	Rafa
Sandálias	Sandały
Sol	Słońce
Toalha	Ręcznik
Veleiro	Żaglówka

Preencher
Do Wypełnienia

Bacia	Basen
Balde	Wiadro
Bandeja	Taca
Barril	Beczka
Bolso	Kieszeń
Caixa	Pudełko
Cesta	Kosz
Envelope	Koperta
Garrafa	Butelka
Gaveta	Szuflada
Jar	Słoik
Mala	Walizka
Navio	Naczynie
Pacote	Pakiet
Pasta	Folder
Saco	Torba
Tubo	Rura
Vaso	Wazon

Profissões #1
Zawody # 1

Advogado	Adwokat
Alfaiate	Krawiec
Artista	Artysta
Astrônomo	Astronom
Banqueiro	Bankier
Bombeiro	Strażak
Caçador	Myśliwy
Cartógrafo	Kartograf
Cientista	Naukowiec
Dançarino	Tancerz
Editor	Redaktor
Embaixador	Ambasador
Encanador	Hydraulik
Enfermeira	Pielęgniarka
Geólogo	Geolog
Joalheiro	Jubiler
Marinheiro	Marynarz
Músico	Muzyk
Pianista	Pianista
Psicólogo	Psycholog

Profissões #2
Zawody # 2

Agricultor	Rolnik
Astronauta	Astronauta
Bibliotecário	Bibliotekarz
Biólogo	Biolog
Cirurgião	Chirurg
Dentista	Dentysta
Engenheiro	Inżynier
Filósofo	Filozof
Fotógrafo	Fotograf
Ilustrador	Ilustrator
Inventor	Wynalazca
Investigador	Badacz
Jardineiro	Ogrodnik
Jornalista	Dziennikarz
Linguista	Językoznawca
Médico	Lekarz
Piloto	Pilot
Pintor	Malarz
Professor	Nauczyciel
Zoólogo	Zoolog

Restaurante # 2
Restauracja # 2

Aperitivo	Przystawka
Água	Woda
Bebida	Napój
Bolo	Ciasto
Cadeira	Krzesło
Colher	Łyżka
Delicioso	Pyszny
Especiarias	Przyprawy
Fruta	Owoc
Garçom	Kelner
Garfo	Widelec
Gelo	Lód
Jantar	Obiad
Legumes	Warzywa
Macarrão	Makaron
Ovo	Jaja
Peixe	Ryba
Sal	Sól
Salada	Sałatka
Sopa	Zupa

Restaurante #1
Restauracja # 1

Alergia	Alergia
Café	Kawa
Caixa	Kasjer
Carne	Mięso
Comer	Jeść
Cozinha	Kuchnia
Faca	Nóż
Frango	Kurczak
Garçonete	Kelnerka
Guardanapo	Serwetka
Ingredientes	Składniki
Menu	Menu
Molho	Sos
Pão	Chleb
Picante	Pikantny
Placa	Talerz
Reserva	Rezerwacja
Sobremesa	Deser
Tigela	Miska

Roupas
Ubrania

Avental	Fartuch
Blusa	Bluza
Calça	Spodnie
Camisa	Koszula
Casaco	Płaszcz
Chapéu	Kapelusz
Cinto	Pas
Colar	Naszyjnik
Jaqueta	Kurtka
Jeans	Dżinsy
Luvas	Rękawiczki
Meias	Skarpety
Moda	Moda
Pijama	Piżama
Pulseira	Bransoletka
Saia	Spódnica
Sandálias	Sandały
Sapato	But
Suéter	Sweter
Vestido	Sukienka

Sons
Dźwięki

Alto	Głośno
Apito	Gwizdać
Aplaudir	Klaskać
Concerto	Koncert
Coro	Chór
Eco	Echo
Gemer	Jęk
Repetitivo	Powtarzalne
Ressonante	Rezonansowy
Riso	Śmiech
Ruidoso	Hałaśliwy
Sino	Dzwon
Sirenes	Syreny
Sussurrar	Szept
Tosse	Kaszel
Vibração	Wibracja
Vozes	Głosy

Tecnologia
Technologia

Arquivo	Plik
Blog	Blog
Bytes	Bajty
Câmera	Kamera
Computador	Komputer
Cursor	Kursor
Dados	Dane
Digital	Cyfrowy
Estatísticas	Statystyka
Fonte	Czcionka
Internet	Internet
Mensagem	Wiadomość
Navegador	Przeglądarka
Pesquisa	Badania
Tela	Ekran
Virtual	Wirtualny
Vírus	Wirus

Tempo
Czas

Agora	Teraz
Ano	Rok
Antes	Przed
Anual	Roczne
Calendário	Kalendarz
Década	Dekada
Dia	Dzień
Futuro	Przyszłość
Hoje	Dzisiaj
Hora	Godzina
Manhã	Rano
Meio-Dia	Południe
Mês	Miesiąc
Minuto	Minuta
Momento	Moment
Noite	Noc
Ontem	Wczoraj
Relógio	Zegar
Semana	Tydzień
Século	Stulecie

Tipos de Cabelo
Rodzaje Włosów

Branco	Biały
Brilhante	Błyszczący
Cachos	Loki
Careca	Łysy
Cinza	Szary
Colori	Kolorowe
Encaracolado	Kręcone
Fino	Cienki
Grosso	Gruby
Loiro	Blond
Longo	Długie
Marrom	Brązowy
Ondulado	Falisty
Prata	Srebro
Preto	Czarny
Saudável	Zdrowy
Seco	Suchy
Suave	Miękki
Trançado	Pleciony
Tranças	Warkocze

Vegetais
Warzywa

Abóbora	Dynia
Aipo	Seler
Alcachofra	Karczoch
Alho	Czosnek
Batata	Ziemniak
Beringela	Bakłażan
Brócolis	Brokuły
Cebola	Cebula
Cenoura	Marchewka
Chalota	Szalotka
Cogumelo	Grzyb
Ervilha	Groch
Espinafre	Szpinak
Gengibre	Imbir
Nabo	Rzepa
Pepino	Ogórek
Rabanete	Rzodkiewka
Salada	Sałatka
Salsa	Pietruszka
Tomate	Pomidor

Veículos
Pojazdy

Ambulância	Ambulans
Avião	Samolot
Balsa	Prom
Barco	Łódź
Bicicleta	Rower
Caminhão	Ciężarówka
Caravana	Karawana
Carro	Samochód
Foguete	Rakieta
Furgão	Van
Helicóptero	Śmigłowiec
Jangada	Tratwa
Lambreta	Skuter
Metrô	Metro
Motor	Silnik
Ônibus	Autobus
Pneus	Opony
Submarino	Łódź Podwodna
Táxi	Taxi
Trator	Ciągnik

Verão
Latem

Acampamento	Kemping
Alegria	Radość
Amigos	Przyjaciele
Casa	Dom
Estrelas	Gwiazdy
Família	Rodzina
Jardim	Ogród
Jogos	Gry
Lazer	Wypoczynek
Livros	Książki
Mar	Morze
Mergulho	Nurkowanie
Música	Muzyka
Praia	Plaża
Relaxamento	Relaks
Sandálias	Sandały
Viagem	Podróż

Virtudes #1
Cnoty # 1

Apaixonado	Namiętny
Artístico	Artystyczny
Bom	Dobry
Confiante	Pewni
Curioso	Ciekawy
Decisivo	Decydujący
Eficiente	Wydajny
Encantador	Uroczy
Engraçado	Zabawny
Generoso	Hojny
Independente	Niezależny
Inteligente	Inteligentny
Limpo	Czysty
Modesto	Skromny
Paciente	Pacjent
Prático	Praktyczny
Sábio	Mądry
Útil	Pomocny

Xadrez
Szachy

Branco	Biały
Campeão	Mistrz
Concurso	Konkurs
Desafios	Wyzwania
Diagonal	Przekątna
Estratégia	Strategia
Jogador	Gracz
Jogo	Gra
Oponente	Przeciwnik
Passivo	Bierny
Pontos	Punkty
Preto	Czarny
Rainha	Królowa
Regras	Zasady
Rei	Król
Sacrifício	Poświęcenie
Tempo	Czas
Torneio	Turniej

Parabéns

Conseguiu!

Esperamos que tenha gostado tanto deste livro como nós gostamos de o desenhar. Esforçamo-nos por criar livros da mais alta qualidade possível.
Esta edição foi concebida para proporcionar uma aprendizagem inteligente, de qualidade e divertida!

Gostou deste livro?

Um simples pedido

Estes livros existem graças às críticas que publica.
Pode ajudar-nos, deixando agora uma revisão?

Aqui está um pequeno link para
a sua página de revisão:

BestBooksActivity.com/Avaliacoes50

DESAFIO FINAL!

Desafio n° 1

Está pronto para o seu jogo grátis? Usamo-los a toda a hora, mas não são tão fáceis de encontrar - aqui estão os **Sinônimos!**
Escreva 5 palavras que encontrou nos puzzles (n° 21, n° 36, n° 76) e tente encontrar 2 sinónimos para cada palavra.

Escreva 5 palavras de *Puzzle 21*

Palavras	Sinônimo 1	Sinônimo 2

Escreva 5 palavras de *Puzzle 36*

Palavras	Sinônimo 1	Sinônimo 2

Escreva 5 palavras de *Puzzle 76*

Palavras	Sinônimo 1	Sinônimo 2

Desafio n° 2

Agora que já aqueceu, escreva 5 palavras que encontrou nos Puzzles (n° 9, n° 17 e n° 25) e tente encontrar 2 antônimos para cada palavra. Quantos se podem encontrar em 20 minutos?

Escreva 5 palavras de **Puzzle 9**

Palavras	Antônimo 1	Antônimo 2

Escreva 5 palavras de **Puzzle 17**

Palavras	Antônimo 1	Antônimo 2

Escreva 5 palavras de **Puzzle 25**

Palavras	Antônimo 1	Antônimo 2

Desafio n° 3

Óptimo! Este desafio final não é nada para si.

Pronto para o desafio final? Escolha 10 palavras que tenha descoberto nos diferentes puzzles e escreva-as abaixo.

1.	6.
2.	7.
3.	8.
4.	9.
5.	10.

Agora escreva um texto a pensar numa pessoa, num animal ou num lugar de seu agrado.

Pode utilizar a última página deste livro como um rascunho.

A Sua Composição:

CADERNO DE NOTAS:

ATÉ BREVE!

A equipa Inteira

DESCUBRA JOGOS GRATUITOS

GO

↓

BESTACTIVITYBOOKS.COM/FREEGAMES